राष्ट्रनेता
डॉ. बी.आर. अंबेडकर

नीतीश विश्वास

अनुवाद

सुशील गुप्ता

वाणी प्रकाशन

प्रकाशन के उत्कृष्टतम 60 वर्ष

सजिल्द पहला संस्करण : 2012
सजिल्द दूसरा संस्करण : 2024

vaniprakashan.com

वाणी प्रकाशन

4695, 21-ए, दरियागंज, नयी दिल्ली-110 002

फ़ोन : +91 11 23273167, 23275710

शाखाएँ

अशोक राजपथ, पटना-800 004, बिहार
कॉफ़ी हाउस कैम्पस, महात्मा गांधी मार्ग, प्रयागराज-211 001, उत्तर प्रदेश
महात्मा गांधी अन्तरराष्ट्रीय हिन्दी विश्वविद्यालय, वर्धा-442 001, महाराष्ट्र
36/ए, शेक्सपियर सरणी, रानी बिरला गर्ल्स कॉलेज के पास, कोलकाता-700 017, प. बंगाल
sales@vaniprakashan.in
vaniprakashan@gmail.com

RASHTRIYANETA : DR. B.R. AMBEDKAR
by Sushil Gupta

ISBN : 81-8143-057-3
Biography

मूल्य : ₹ 225

आर. टेक ऑफ़सेट प्रिंटर्स, दिल्ली-110 032 में मुद्रित

वाणी प्रकाशन का लोगो मक़बूल फ़िदा हुसेन की कूची से

सविनय निवेदन

भारत रत्न डॉ. बी.आर. अंबेडकर की जीवनी के बारे में बाज़ार में अनगिनत पुस्तकें उपलब्ध हैं, जिनमें उन्हें कहीं देवता, कहीं अपदेवता के रूप में प्रस्तुत करने की कोशिश की गई है। हमने यहाँ अंबेडकर को सच्चे इन्सान के रूप में परिचित कराया है, जहाँ इन्सान निश्चित रूप से एक संघर्षशील प्राणी होता है! जो कहीं, किसी शर्त पर समझौता नहीं करता; जो विरल प्रज्ञा होता है।

डॉ. अंबेडकर ने भारत को प्रचलित धारा से बाहर जाकर देखा-पहचाना था—और उसमें सुधार-संस्कार की कोशिश की थी। उन्होंने अविकसित-जड़ समाज के अँधेरे में प्रमथ्यु या स्पार्टाकस की तरह रोशनी लाने की कोशिश की थी। गुलामी से मुक्ति की रोशनी! शिक्षा की रोशनी! शान्ति और अखण्ड एकता की रोशनी! वे अनन्य कोटि के नेता थे, जिन्होंने अपना समस्त जीवन, समग्र भारत की कल्याण-कामना में उत्सर्ग कर दिया था। ख़ासकर भारत के अस्सी प्रतिशत दलित इन्सान, जो सामाजिक तौर पर निपीड़ित थे, अर्थनैतिक तौर पर वंचित, सबसे निम्न स्तर के, सबसे पिछड़े हुए, जो सिर्फ दास या शूद्र थे, उन्हें इस अभिशाप से मुक्ति दिलाना ही, उनके जीवन का संकल्प था। कोई भी जाति, अपने अस्सी प्रतिशत लोगों को वंचित करके बड़ी नहीं हो सकती—इस हक़ीक़त को तमाम राष्ट्रीय नेताओं ने यथार्थ भाव से अनुभव किया था और अपना समस्त जीवन, दलित-वंचित इन्सानों को मुक्ति दिलाने की साधना और संघर्ष में उत्सर्ग कर दिया। ऐसी विराट विभूतियों में अग्रणी योद्धा थे—हमारे प्रिय राष्ट्रीय नेता डॉ. अंबेडकर!

इस पुस्तक के नामकरण के लिए, मैं अपने छात्र जीवन के प्रिय संगठनकर्ता श्री विमान बसु का कृतज्ञ हूँ! वे अपने अनगिनत भाषणों और लेख में डॉक्टर अंबेडकर को राष्ट्रीय नेता के तौर पर ग्रहण करने पर ज़ोर देते रहे हैं। अंबेडकर सम्बन्धी मेरी पहली पुस्तक का औपचारिक प्रकाशन, गणशक्ति अखबार के तत्कालीन सम्पादक, श्री अनिल विश्वास ने किया था। उन्होंने ही वह पुस्तक, पश्चिम बंगाल के शिक्षा मन्त्री श्री कान्ति विश्वास के हाथों में अर्पित की थी। उस पुस्तक की मूल्यवान भूमिका, विशिष्ट मार्क्सवादी चिन्तक और पूर्व आयोजक श्री सुधि प्रधान ने लिखी थी।

पश्चिम बंगाल के पिछड़े वर्ग के कल्याण मन्त्री, जो मेरे बड़े भाई जैसे हैं, श्री दिनेशचन्द्र डाकुआ मुझसे कई बार डॉ. अंबेडकर की एक सरल, संक्षिप्त और पूर्णांग जीवनी लिखने की फर्माइश करते रहे हैं। उन्हीं के आग्रह पर, उनके विभाग से प्रकाशित होनेवाली पत्रिका, 'उत्तरण' में यह जीवनी धारावाहिक रूप में प्रकाशित हुई। इसके लिए मैं इस पत्रिका के तत्कालीन सम्पादक डॉ. यू.के. राय और वर्तमान सम्पादक श्री धीरेन्द्र दत्त के प्रति कृतज्ञ हूँ। इसके अलावा मैं इन महानुभावों के प्रति भी कृतज्ञता ज्ञापित करता हूँ—इस विभाग के माननीय मन्त्री, कवि श्री उपेन किस्कू, वन विभाग की माननीया मन्त्री श्री बिलासी बाला सहिस, त्रिपुरा के माननीय मन्त्री श्री सुकुमार बर्मन, माननीया सांसद, प्रोफेसर चन्द्रकला पाण्डे! ये लोग, अंबेडकर की जीवन रचना में मुझे तरह-तरह से प्रोत्साहित करते रहे हैं और हर तरह से मदद भी करते रहे हैं।

अंबेडकर का जीवन और उनकी कर्म साधना को विशुद्ध वैज्ञानिक दृष्टि से जाँचने-परखने की दृष्टि, जिन लोगों ने प्रदान की, उनमें डॉ. महादेव प्रसाद साहा, देश-हितैषी पत्रिका के लेखक, श्री मनोरंजन बड़ाल, श्री अरुण चौधरी और सम्पादक श्री सुधांशु दासगुप्ता का नाम उल्लेखनीय है। मैं इन लोगों के प्रति विनम्र छात्र की तरह आभारी हूँ।

जिन्होंने इस पुस्तक के विभिन्न तथ्यों में संशोधन समेत, हर वाक्य को देखा-परखा, सही किया, वे हैं मेरे परम श्रद्धेय, अंबेडकर विशेषज्ञ, डॉ. अनिल रंजन विश्वास! अपनी प्रवीण उम्र में उन्होंने पुत्रवत् स्नेह से, मेरे इस काम में, अपना सहयोग देकर, मुझे समृद्ध किया है।

इसके अलावा, यहाँ एक और बात का उल्लेख करना बेहद ज़रूरी है। वह, यह कि पश्चिम बंगाल और त्रिपुरा में, अंबेडकर के बारे में चिन्तन-मनन और वैचारिक आदान-प्रदान में, जो प्रगतिशील बुद्धिजीवी लोग मेरी मदद के लिए सदा तत्पर रहे, जो उस शुभ धारा-प्रवाह के मूल स्रोत से जुड़े हुए हैं, उनके प्रति भी मैं दिल से कृतज्ञ हूँ। ऐसे लोगों में प्रमुख थे—श्रद्धेय प्रोफेसर हीरेन्द्रनाथ मुखोपाध्याय, ज्योति प्रकाश चट्टोपाध्याय, सिराजुद्दीन अहमद, कमलसिंह, सुदिन चट्टोपाध्याय, प्रोफेसर वासुदेव वर्मन (उपाचार्य—कल्याणी), डॉ. यमुनाधर पाण्डे (उपाचार्य—त्रिपुरा विश्वविद्यालय), श्री शतद्रु चाकी, श्री अनुनय चट्टोपाध्याय वगैरह!

वामपन्थी अंबेडकर भक्तों में अग्रणी त्रिपुरा सरकार के शिक्षा मन्त्री, कवि अनिल सरकार ने, इस अकिंचन पुस्तक की भूमिका लिखी है। उनकी मूल्यवान भूमिका, मेरी इस पुस्तक की अनमोल दौलत है। मैं उनके प्रति भी विशेष रूप से कृतज्ञ हूँ और उनके प्रति अपनी श्रद्धा ज्ञापित करता हूँ।

अन्त में मुझे यह बताते हुए अत्यन्त हर्ष हो रहा है कि मेरे पिता, श्री नगेन्द्रनाथ विश्वास और माँ, श्रीमती हरिदासी विश्वास की हार्दिक इच्छा है कि

मैं डॉ. अंबेडकर, सुभाषचन्द्र समेत तमाम महान् नेताओं के जीवनी ग्रन्थ की रचना करूँ। उनकी इच्छा के प्रति, मेरी यह मामूली-सी श्रद्धांजलि!

सद्यः साक्षर साथियों समेत, तमाम श्रमिक, कृषक और कम उम्र के लोग इस पुस्तक को आसानी से पढ़ सकें, इस उम्मीद में मैंने यह पुस्तक सहज भाषा में प्रस्तुत की है। अगर मेरी पहली पुस्तक की तरह, मेरी यह पुस्तक भी पाठकों को पसन्द आई, तो मुझे लगेगा, मेरी मेहनत सार्थक हुई।

विनीत,
नीतीश विश्वास

अनुक्रम

भूमिका

इस देश में सैकड़ों शताब्दियों से जो लोग असम्मान के बोझ से दबे-पिसे, दमित, गुलामी से मलिन-जर्जर, अपमानित, मन्त्रहीन हैं, उन्हीं सब शूद्र और अतिशूद्रों के मूढ़, म्लान, मूक दर्द के अन्तहीन अँधेरे के दामन में, एक अन्त्यज महार समाज में—बाबा साहब भीमराव अंबेडकर ने जन्म लिया था। डॉ. बी.आर. अंबेडकर! उनके समूचे तन-बदन पर जन्मजात काले-नीले दर्द के धब्बे! भारतीय जाति प्रथा की ज़हरभरी यन्त्रणा के सियाह निशान! इस देश में चूँकि उन्होंने दलित समाज में जन्म लिया था इसलिए वे अछूत, उपेक्षित और हेय थे। भारतवर्ष वर्णाश्रम धर्म की क्लेदभरी नर्कभूमि है। यहाँ शूद्र जन्म से ही सेवादास, वर्णदास या श्रमदास होते हैं। क्रीतदास के विरुद्ध, बग़ावत का शंख फूँकनेवाले, महान् नेता, स्पार्टाकस की तरह ही, डॉ. बी.आर. अंबेडकर ने भी भारत में अन्त्यज-दास समाज के हाथों में, जागरण और उन्नयन की पताका थमाकर कहा, **'तुम लोग स्वयं, अपने हाथों से इस दासत्व को ख़त्म करो। इसके लिए किसी भगवान या अतिमानव पर निर्भर मत रहो। किसी तीर्थयात्रा के पुण्य या धार्मिक व्रत-उपवास के जरिए तुम्हें मुक्ति, कदापि नहीं मिलेगी। राजनैतिक क्षमता ही तुम्हें मुक्ति दिलाएगी। कोई भी धर्मशास्त्र, तुम्हारी गुलामी, अनाहार और दरिद्रता दूर नहीं कर सकता। इसके लिए, ओ दलितो, क़ानून-संगत अधिकार दखल करो।'**

मानवता का एक और महान् नेता, जर्मनी की यहूदी-सन्तान डॉ. कार्ल मार्क्स ने मजदूर वर्ग के मुक्ति-संग्राम में रणघोष किया था—विश्वदखल और दासत्व की बेड़ियाँ तोड़ने के संघर्ष में दुनिया भर के मजदूर एक हो। समाज विकास के संघर्ष आन्दोलन में कार्ल मार्क्स ने वर्ग-सम्पर्क देखा था। उन्हीं की दूर दृष्टि ने पहली बार यह आविष्कार किया कि जाति-व्यवस्था के इस जड़-जंगल में वर्ग-सम्पर्क की भावना, किसी चोर-धारा की तरह छिपी हुई है। उन्होंने राय दी थी, प्रचलित वर्ग-व्यवस्था ने भारत के विकास की तमाम अग्रगति को जैसे बाँझ बना दिया है।

भारत-पथिक डॉ. बी.आर. अंबेडकर ने अपनी गम्भीर खोज और समाज विज्ञान के मूल्यांकन के माध्यम से भारतीय समाज की अचल स्थिति का मूलाधार, इसी वर्ण-व्यवस्था को माना है। डॉ. अंबेडकर ने कहा, "इस देश में वर्ण और वर्ग एक-दूसरे के पड़ोसी हैं। इन दोनों में सिर्फ़ आधे हाथ का फर्क़ है। दरअसल, वर्ण यहाँ अवरुद्ध

वर्ग है। हिन्दू समाज में वर्ण-व्यवस्था के चार वर्ग-विभाजन, चढ़ने-उतरने की सीढ़ीविहीन, एक चौमंज़िला घर जैसा है। यहाँ वर्णाश्रम सनातन और अमोघ है। सबसे ऊपर की मंज़िल पर ब्राह्मणों का आसन! वे लोग धर्म के व्यवसायी हैं। दूसरी मंज़िल पर क्षत्रिय वर्ग, राष्ट्र कारोबारी, राज वर्ग! तीसरी मंज़िल पर वैश्य वर्ग! वे लोग भूमि और वाणिज्य के प्राइवेट प्रभु हैं। सबसे निचली मंज़िल पर शूद्र! वे सिर्फ सेवादास हैं! हिन्दू समाज में ब्राह्मण कभी शूद्र नहीं। शूद्र को कभी पुरोहित का अधिकार प्राप्त नहीं होता। वे लोग मन्त्रवर्जित, मन्त्रहीन हैं। अंबेडकर ने इसी वर्ण-व्यवस्था को ही अवरुद्ध वर्ग-व्यवस्था माना है। कार्ल मार्क्स ने देखा : **'इन्सान का इतिहास वर्ग-संघर्ष का इतिहास है। स्वतन्त्र इन्सान और गुलाम, अमीर और हीन नागरिक, व्यवसायी वर्ग और कारीगर–कुल मिलाकर शोषक और शोषित वर्ग हमेशा ही एक-दूसरे की विरोधी भूमिका में रहे और लगातार संघर्षरत हैं। कभी गुप्त रूप से, कभी आमने-सामने और हर बार इस संघर्ष की परिसमाप्ति विप्लवी पुनर्गठन में हुई है।'** यानी क़दम-क़दम पर समाज बदलता रहा–क्रीतदास समाज, भूमिदास समाज, शूद्रदास समाज और अन्त में मुक्त समाज और साम्यवादी समाज! वर्ण-व्यवस्था ने भारत के इस वर्ग-सम्पर्क के क्रम विप्लवी-परिवर्तन को अवरुद्ध कर दिया है। मार्क्स ने इसे ही एशियाई ग्रामीण उत्पादन-सम्पर्क कहा है। यहाँ उत्पादन-सम्पर्क, पेशा या कामकाज, इन्सान के सामाजिक और वर्ण-मूल्य के आधार पर तय होते हैं। भारतीय उत्पादन व्यवस्था में सम्मान-असम्मान, गौरव और ग्लानि घुलीमिली हैं। हिन्दुओं के भगवान श्रीकृष्ण यहाँ, 'चतुर्वर्णाः नया सृष्टः गुण कर्मविभागशः' हैं। उन्होंने शूद्र को जन्म दिया है चरण-तल में! चरण-सेवा ही उसका धर्म है। दासत्व ही उसकी जीविका है। शूद्र को कभी मंत्र का अधिकार नहीं मिलेगा। मार्क्स का आविष्कार है, मूल्य और वर्ग! इसीलिए लगभग मार्क्स की तरह ही उन्होंने भी कहा : **'पृथ्वी के सभी देशों के जनसमाज में दास या निम्न वर्ग हमेशा मौजूद हैं या थे। रोमन लोगों के यहाँ भूमिदास; अमेरिकन के यहाँ नीग्रो; जर्मन लोगों के यहाँ यहूदी और हिन्दुओं के यहाँ अछूत। इनके यहाँ अछूत सिर्फ घृणा के ही पात्र नहीं हैं, बल्कि जीवन में तरक्की के तमाम अधिकारों से भी उन लोगों को वंचित रखा जाता है।'** वे लोग मनुष्य के अधिकारों से वंचित हैं। अज्ञान के अँधेरे में डूबे, क़दमों तले कुचले हुए, जाति या वर्ण के अहंकारी लोगों के लिए घृणित! रवीन्द्रनाथ ने इसे ही जाति-अहंकार में चूर, मृत्यु-पथ यात्री का अभिशाप माना है। मार्क्स के मज़दूर वर्ग निःस्व हैं। अंबेडकर के दलित निःस्व, अस्पृश्य, भारत के अवमानित, अवदमित मानव समाज हैं। डॉ. अंबेडकर के जन्म से पहले, ये लोग सिर्फ दास बनने के लिए जन्म लेते थे। अंबेडकर के जन्म के बाद, वे लोग पैदा होते हैं, मुक्ति के लिए! इस जंग में भारतवर्ष में, कार्ल मार्क्स और डॉ. बी.आर. अंबेडकर, परस्पर कन्धे से कन्धा मिलाकर युद्धरत हैं। इनमें से एक पैदा हुआ पाश्चात्य देश के श्रम-दासत्व की जनभूमि में और दूसरे ने भारत के सेवादास भूमि पर जन्म ग्रहण किया। डॉ. बी.आर. अंबेडकर ने भी मार्क्स से मिलती-जुलती

जुबान में कहा : **'जितने दिनों तक जाति-व्यवस्था को जड़ से निर्मूल नहीं किया जाएगा, तब तक देश में अमीर-गरीब का वर्ग-भेद नहीं मिटेगा। वर्गहीन समाज गढ़ने से पहले समाज को जातिविहीन करना होगा। उसके बाद ही वर्गविहीन समाज की रचना सम्भव होगी।'** समाजवाद में उनका गहरा विश्वास था। उनकी राय में : **'समाजवाद के बिना दलित, मेहनती इन्सानों की अर्थनैतिक मुक्ति असम्भव है।'** देश-हित का चिन्तन करते हुए, उन्होंने घोषणा की—समाजतन्त्र को संविधान में लिपिबद्ध करना होगा। भूमि, बृहद् और मूल उद्योग होगी, जो देश के प्रभुत्व में होगा और उसका अन्य नाम होगा—सामाजिक प्रभुत्व! उन्होंने कहा : **'जिन देशों में धन और समाज के स्तर पर भयंकर विषमता मौजूद थी, उन देशों में गणतन्त्र सफल नहीं हुआ।'** स्वाधीनता के 50 सालों के दौरान, हमने यह हक़ीकत, हर जगह, हर कहीं, हर रोज़ उपलब्ध की है। उनके सपनों का भारत था : **'वह स्वाधीन भारत, जहाँ सभी इन्सानों को समान अधिकार प्राप्त हो; जहाँ सामाजिक अत्याचार न हो; जहाँ अस्पृश्यता को पाप माना जाए; जन्म के आधार पर, जहाँ इन्सान, इन्सान से घृणा न करे।'**

आजादी के 50 सालों बाद भी भारतवर्ष वर्ग-शोषण और वर्ण-विभाजन के नाम पर शोषित और शासित है। भारतीय संविधान के प्रमुख रूपकार डॉ. बी.आर. अंबेडकर ने सन् 1950 की 26 जनवरी को, भारतीय प्रजातन्त्र के नए संविधान के उद्‌घाटन समारोह में, अपने भाषण के दौरान, आगाह किया था : **'आज हम राजनैतिक समानाधिकार की प्रतिष्ठा कर रहे हैं। लेकिन अर्थनीति और समाज जीवन में आज भी गहरी असमानता को ही पनपने की छूट दे रखी है। जितनी जल्दी हो सके, हमें यह विरोध मिटाना होगा, वर्ना जो लोग इस असमानता की वेदी पर बलि होंगे, वे लोग ही राजनैतिक गणतन्त्र के ढाँचे को उड़ा देंगे।'** डॉ. बी.आर. अंबेडकर द्वारा दिया गया वह अशनि-संकेत आज समूचे देश भर में हज़ारों व्यर्थताओं के रूप में, उसी चरम सत्य का प्रमाण बन गया है। इस देश में जो लोग सर्वाधिक शोषित हैं, वही सर्वाधिक निपीड़ित भी हैं। वे सर्वहारा भी हैं और अछूत भी! इसीलिए इस देश में शोषण-मुक्ति का वर्ग-संघर्ष और मानवीय तथा सामाजिक न्याय की लड़ाई, मानवमुक्ति के सामग्रिक आन्दोलन में, एक-दूसरे के पूरक और अभिन्न हैं। डॉ. अंबेडकर की भाषा में, देश के श्रमिक वर्ग के सबसे बड़े दुश्मन, दो हैं—एक है, धनतन्त्र और दूसरा ब्राह्मणवाद! धनतन्त्र ने इस देश में वर्ग अत्याचार को जन्म दिया और ब्राह्मणवाद या पुरोहितवाद ने सामाजिक नाइन्साफी, वर्णगत आभिजात्य, हीनता और घृणा को बढ़ावा दिया। भारतीय समाज में श्रेणी और वर्ण, दो भयंकर और असाध्य रोग मौजूद हैं। इनमें से एक पूँजीवाद की देन है और दूसरा सामन्तवाद का दान! हमारे देश में गणतान्त्रिक आन्दोलनों में न्याय-विचार का प्रांगण, तरह-तरह से उपेक्षित रहा है। राजनैतिक आन्दोलनों के तथाकथित नेतागण, ज़्यादातर वर्णवाद के मानसिक अहंकार या हीनता के शिकार हो जाते हैं। उनका राजनैतिक प्रवचन भी ज़्यादातर वर्ण अहंकार के घात-प्रतिघात

से बेरंग हो जाता है। इसी बिन्दु पर डॉ. बी.आर. अंबेडकर की रणभेरी गूँज उठी—समाज को श्रेणीविहीन और वर्णविहीन करना होगा, क्योंकि श्रेणी ने इन्सान को दरिद्र बना दिया और वर्ण ने उसे दलित बना दिया। **'जिनके पास कुछ भी नहीं है, वे लोग दरिद्र और सर्वहारा (मजदूर वर्ग) हैं और जो लोग कुछ भी नहीं हैं, वे लोग दलित हैं।'** दोनों मिलकर भारतवर्ष में नई मानवता का चरम रूप हैं और यह उनका आखिरी संग्राम है। इस संग्राम में बाबा साहब डॉ. बी.आर. अंबेडकर, प्रमथ्यु की तरह नव जागरण की आग लेकर आए। इसलिए बाबा साहब का विचार-चिन्तन, आज समूचे भारत में एक अनिर्वाण धारा के रूप में प्रवाहित है। जो लोग हर दिन, हर पल घृणित और पद-तल अवनत हैं, आज वे पूरी ताकत से तैयार हो चुके हैं। हज़ारों दलित कण्ठों में, नए सिरे से डॉ. बी.आर. अंबेडकर के प्रति अभिनन्दन की गूँज है। इसका नाम है, मानवता! नवजागरण! भारतीय वर्ण और श्रेणी-व्यवस्था के कुरूप नर्क से, दीन-दुःखी, दलित लोगों के अभ्युत्थान का आयोजन है। अंबेडकर ने भरपूर शक्ति से उन लोगों का आह्वान किया : **'छीने हुए अधिकार भीख में नहीं मिलते। प्रवंचकों के विवेक के आगे गिड़गिड़ाने से भी प्राप्त नहीं होते। अधिकार वसूल करना होता है, अविराम संघर्ष के माध्यम से। देवपूजा में बकरी की बलि दी जाती है, सिंह की नहीं।'** यह वीरत्वपूर्ण, अथक संघर्ष ही आज भारतवर्ष के दलित, शोषित, श्रेणीहीन, वर्णहीन नई मानव-मुक्ति का संग्राम है। यह समता और सम्मान की जंग है; श्रेणी और जात-पांत उच्छेद की यह आखिरी लड़ाई है! यह इन्सान के अधिकार और रोटी का विरामहीन आन्दोलन है।

अंबेडकर के बारे में अध्ययन-मनन, विचार-चिन्तन, रिसर्च और मूल्यांकन का यह ऐतिहासिक अतीत और भविष्य में उनका स्थान, अनगिनत बुद्धिजीवी, राजनीतिक और समाज-विज्ञानी शोधकर्ताओं की नज़र में काफी कुण्ठित भाव से अवगुंठित है। इसीलिए भारतीय वर्ण-व्यवस्था के गम्भीर ज़ख्मों से आविर्भूत और हज़ारहा जीवन्त अनुभवों में रुद्ध होने के बावजूद, इस महान् समाजविज्ञानी, राष्ट्रनायक और समाजविप्लवी डॉ. बी.आर. अंबेडकर, बहुतेरे लोगों की नज़रों में उपेक्षित और अचर्चित रहे। डॉ. बी.आर. अंबेडकर के बारे में पठन-पाठन और चर्चा-परिचर्चा में, श्री नीतीश विश्वास की पुस्तक, **'राष्ट्रनेता डॉ. बी.आर. अंबेडकर'** आकार में छोटी भले हो, उनके व्यक्तित्व और कृतित्व पर सर्वथा नई दृष्टि; सर्वथा नई खोज है। श्री विश्वास, साहित्य, संस्कृति और समाजविज्ञान के एक वस्तुवादी शोधकर्ता हैं। उनकी यह पुस्तक—डॉ. बी.आर.अंबेडकर के नव-मूल्यांकन की दिशा में पहले चरण के तौर पर जनप्रिय हो उठे तो हमें हार्दिक खुशी होगी।

अनिल सरकार

शिक्षा मन्त्री, त्रिपुरा सरकार

प्रथम खंड

शिक्षा जीवन

भूमिका

'इस देश के कतिपय लोगों की राजनैतिक क्षमता, अब उनके एकछत्र अधिकार में बदल चुकी है। गणतन्त्र को सफल बनाने के लिए, इस स्थिति में परिवर्तन, निहायत ज़रूरी है।' डॉ. बी.आर. अंबेडकर का यह कथन, वर्तमान युग के लिए ध्रुव सत्य है। अंबेडकर के जन्म को आज सौ से भी ज़्यादा साल गुज़र गए। उनका जन्म सन् 1891 की 14 अप्रैल को हुआ था। वे लगभग 66 साल तक हमारे बीच, हमारे साथ रहे। सन् 1956 की 6 दिसम्बर को उनका निर्वाण हुआ। असंख्य वेदना से क्षत-विक्षत, झंझाक्षुब्ध और लगातार संघर्षरत अपना जीवन, उन्होंने भारतवर्ष में सामाजिक, अर्थनैतिक और राजनैतिक समता की प्रतिष्ठा में उत्सर्ग कर दिया। उनका सपना था, हर इन्सान को समान राजनैतिक और सामाजिक मूल्य प्राप्त हो। यही उनकी कामना थी। उन्होंने संविधान के प्रवर्तन के माध्यम से—'एक आदमी, एक वोट' का स्वर बुलन्द किया। वह सर्वोच्च और शुरुआती गणतन्त्र की प्रतिष्ठा में कामयाब भी हुए थे। लेकिन एक अदद तथाकथित शूद्र और एक ब्राह्मण या उच्च वर्ण के इन्सान का सामाजिक-मूल्य एक जैसा है—इस आन्दोलन की सफलता देखने का मौका उन्हें नहीं मिला। इससे पहले ही उनका निधन हो गया। यह आन्दोलन अनेकों ने अनेक तरह से जारी रखा, लेकिन सफलता दूरागत् संगीत की तरह अधर में ही झूल रही है। इसलिए हम सब जितनी ही एकता की बात करें; भाईचारगी के नारे लगाएँ, सारा कुछ व्यर्थता का अँधेरा ही रचेगा। सफलता और एकता की सुनहरी सुबह, वास्तविकता का रूप नहीं ले पा रही है। समय के मंच पर खड़े होकर अब हम भारत के इस राष्ट्रनेता, महान् योद्धा डॉ. बी.आर. अंबेडकर को देखना चाहते हैं; उनके अवदान पर एक बार फिर नज़र डालना चाहते हैं।

इतिहास की दृष्टि

किसी भी इन्सान के अवदान को यथावत् समझने के लिए, सबसे पहले हमें उसके

समय, तत्कालीन राजनैतिक और सामाजिक स्थिति को भी जानना-समझना होगा। उसी पृष्ठभूमि में उनके व्यक्तिगत कामकाज, सफलता-दुर्बलता, उनके संघर्ष, उनके जय-पराजय का निर्णय करना होगा। अंबेडकर के सन्दर्भ में भी समाज-सभ्यता के विचार विश्लेषण का यही सहज और गम्भीर तरीका अपनाना होगा।

हम जैसे राममोहन-विद्यासागर को उनके युग, परिवेश की माँग, समस्या और संग्राम की रोशनी में जाँचते-परखते हैं और हम सब यह समझने की कोशिश करते हैं कि सती-दाह, विधवा-विवाह जैसे जटिल और भयंकर समस्याओं के समाधान के लिए, उन लोगों को कैसे दुःसह युद्ध में जूझना पड़ा था, जो सिर्फ आज के अतिक्रान्त समय के मंच पर खड़े होकर समझना कठिन है। इसके लिए ज़रूरी है स्वच्छ-अभिज्ञ दृष्टि, इतिहास-बोध, समाज-विश्लेषक गम्भीरता और दर्शन का चिन्तन-मनन!

अंबेडकर के अवदान को समझने के लिए हम लोगों को भी समाज-सचेतन, इतिहास-सचेतन विचार और चिन्तन-पद्धति ग्रहण करना होगी। हमें बेहद गहराई से पता लगाना होगा कि इसकी ज़हरीली जड़ें, समाज में कितने गहरे में जमी हैं और उसके अश्रुसिक्त, वेदना-निर्झर के उत्स को महसूस करना होगा।

आर्थिक-सामाजिक पृष्ठभूमि

भारत की गौरवमय परम्परा के सूत्र थामकर, जैसे हम कई महान् मिसालें प्रस्तुत कर सकते हैं, उसी तरह उनके अन्धकारमय पक्ष भी कम भयंकर नहीं हैं। सन् 1927 में अमरावती में आयोजित एक सम्मेलन में अंबेडकर ने खुद ही कहा—'हिन्दुत्व की गौरव-वृद्धि में जाने कितने ही लोगों ने अपनी साधना का प्रतिफल जोड़ा है, जिनमें शामिल हैं, वशिष्ठ जैसे ब्राह्मण, कृष्ण जैसे क्षत्रिय, हर्ष की तरह वैश्य, इसके अलावा, तुकाराम जैसे शूद्र! यह हिन्दुत्व, जो दीवारों में घिरा नहीं है, जो ग्रहिष्णु, सहिष्णु, चलिष्णु है, इसी के साथ-साथ है, एक और हिन्दू समाज, जहाँ अनुदार ब्राह्मणवाद का आधिपत्य क़ायम है। जहाँ धर्म क़दम-क़दम पर मानव-अधिकारों को बेहद निर्लज्ज तरीके से खण्डित और दलित कर रहा है।'

ये लोग एक ही साँस में दो विरोधी नारे बुलन्द करते हैं। एक तरफ ये लोग 'सर्व जीव में शिव' की घोषणा करते हैं, दूसरी तरफ, शूद्रों के घर जन्म लेने के अपराध में, मानव-सन्तान को ही 'अस्पृश्य' घोषित कर रहे हैं। धर्म के नाम पर मानव-अधिकारों से वंचित रखने के इन तमाम शास्त्रीय सिद्धान्तों में, हिन्दुओं की गहरी शठता, गुण्डेबाज़ी, नीचता मौजूद है, अंबेडकर को जिनसे सख़्त नफरत थी।

अंबेडकर के बचपन और किशोर उम्र के अनुभव बेहद कड़वे हैं—जिस समाज में उनका लालन-पालन हुआ, उस अछूत सम्प्रदाय के इन्सानों को जलाशय, नलकूप,

कुआँ या सर्वसाधारण के इस्तेमाल योग्य किसी भी जल-स्रोत से जल-संग्रह करने का कोई अधिकार नहीं था। इन लोगों का धर्म एक था यानी वे सबके सब हिन्दू थे लेकिन पूजे जानेवाले आराध्य देवी-देवता भी इनकी पहुँच से बाहर थे। इन्हें न मन्दिरों में प्रवेश का अधिकार था, न पूजा-वन्दन का। किसी भी उत्सव-समारोह में इन लोगों को शामिल होने की अनुमति नहीं थी। ये लोग खेती-बारी में जी-तोड़ मेहनत करें, लोगों की गन्दगी साफ करें, बस! यानी कड़ी मेहनत वाले सभी काम करें, लेकिन उन लोगों को पढ़ने-लिखने का अधिकार हरगिज नहीं था।

ये लोग शहर के सबसे गन्दे, अस्वास्थ्यकर और हर तरह से उपेक्षित, बदबूदार इलाके में रहने-सहने को मज़बूर थे। तरह-तरह के रीति-रिवाज और क़र्ज़ या बयाना के नाम पर, इसी वर्ग का एक हिस्सा गुलामी का जीवन जीने को लाचार था। यानी सामाजिक आड़ में अर्थनैतिक अत्याचार का शिकार बनने को विवश था। प्राचीन सामन्ती समाज के तथाकथित महान् (!) परम्परा में ये लोग आज भी लांछन और अत्याचार के जीवन्त प्रतीक हैं।

हिन्दू धर्म के इन तमाम निर्मम विधि-विधानों के खिलाफ अनेक धर्मप्राण लोग उठ खड़े हुए, जैसे रामानुज, चक्रधर, रामानन्द, कबीर, चैतन्य, एकनाथ, तुकाराम, रविदास वगैरह। इन लोगों का प्रधान वक्तव्य था—'सबसे ऊपर मनुष्य ही एकमात्र सच है।' इसके बावजूद निम्न वर्ग के लोगों को जीवन के साधारण अधिकार भी नसीब नहीं हुए। उन लोगों के लिए स्कूली-शिक्षा तो बिल्कुल अकल्पनीय और सपना था!

बहरहाल, महाराष्ट्र के तत्कालीन पेशवा का जब पतन हो गया और अंग्रेज शासन की शुरुआत हुई, तो निम्नवर्ग के लोगों को थोड़ी-बहुत उम्मीद बँधी कि उनके लिए गुलामी के दिन अब ख़त्म हुए। शताब्दियाँ गुज़र गईं। आज हम उन स्थितियों और धारणाओं का चाहे जैसे और जितना भी मूल्यांकन करें, यह उस युग की रूढ़ वास्तविकता थी। अंग्रेजों के आगमन के साथ-साथ, समाज के इस बिल्कुल निचले दर्जे के चिर-उपेक्षित इन्सानों को, थोड़ा-थोड़ा करके बाहर के उजाले ने स्पर्श किया। उनको शिक्षा का भी हल्का-फुल्का मौका मिला। हालाँकि यह सुविधा, उन लोगों को उपनिवेश की रक्षा और सुविधावादी वर्ग की स्वार्थ-पूर्ति के तकाजे पर ही मिली थी।

माँ-बाबूजी-बुआ

डॉ. भीमराव रामजी अंबेडकर, अपने माता-पिता की आखिरी सन्तान थे। पिता, रामजी शकपाल, सूबेदार थे। माँ थीं—भीमा बाई। जन्म स्थान—(पिता का तत्कालीन कर्मस्थान) मध्य भारत और मध्य प्रदेश के 'मऊ' नामक एक फौजी मुख्यालय का तम्बू! माँ के पिता जीवित नहीं थे, लेकिन उनके छः चाचा फौज में सूबेदार मेजर

थे। वे लोग माना ज़िला के मूरथबाद के बाशिन्दा थे। दादा मालोजी शकपाल, कोंकन के आदमी थे। वे भी फौज में ही काम करते थे। उनका आदि-निवास था, बम्बई प्रदेश के रत्नगिरि ज़िला का अम्बावाद गाँव! रामजी शकपाल, मालोजी शकपाल के इकलौते बेटे थे। वे मराठी और अंग्रेजी भाषा में पारंगत थे और स्वस्थ-तन्दुरुस्त व्यक्ति थे। उनकी स्मरणशक्ति बेहद प्रखर थी, काफी बुद्धिमान प्राणी! उनके चरित्र में ईमानदारी और सच्चाई के साथ-साथ नियमितता, दृढ़ता और प्रचण्ड संग्रामी स्वभाव का मणिकांचन मेल था। वे नॉर्मल स्कूल से प्रशिक्षण-प्राप्त टीचर थे। फौज में वे सूबेदार मेजर के पद तक जा पहुँचे थे। महात्मा फुले, उनके पक्के दोस्त थे। पुत्र की अच्छी शिक्षा के पीछे, सिर्फ पिता के तौर पर ही नहीं, टीचर के तौर पर भी, रामजी शकपाल की अनन्य भूमिका थी। शिशु अंबेडकर और भीम की उम्र, जब सिर्फ दो साल की थी, पिता मिलिटरी विभाग में प्रधान टीचर के तौर पर सेवानिवृत्त हो गए और दपोली चले गए। बालक भीम, यहाँ के स्कूल में आने-जाने लगे, लेकिन काफी धूमधाम से स्कूल में उनका नाम तब लिखाया गया, जब वे सतारा पहुँच गए। रामजी ने अपने लिए जी.डब्लू.डी. के दफ्तर में एक अदद नौकरी जुटा ली और इसीलिए वे अपने परिवार-समेत सतारा स्थानान्तरित हो गए। उसी साल, जब भीम की उम्र कुल छः साल थी, उनकी माँ का निधन हो गया। अपनी पाँचों सन्तानों की देख-भाल के लिए, उनके पिता, मीरा बुआ को ले आए। थोड़े दिनों बाद, पिता ने दूसरा विवाह कर लिया। भीम ने अपनी दूसरी माँ, जीजाबाई को कभी भी मन से स्वीकार नहीं किया। नतीजा यह हुआ कि दरिद्रता के साथ-साथ मातृस्नेह का अभाव भी उन्हें झेलना पड़ा। बहरहाल माँ का अभाव, काफी हद तक, उनकी बुआ, मीराबाई ने भर दिया।

ज़हरीला शैशव

सतारा में उनका स्कूली जीवन कमोबेश दीर्घ था, लेकिन लांछन के तजुर्बे का इतिहास काफी सुदीर्घ था। यहीं भीमराव ने पहली बार, समाज के अमानवीय, हिंस्र, निष्ठुर और पाशविक रूप का साक्षात्कार किया। यह तो सच था कि उन्हें स्कूल में दाख़िला मिल गया, लेकिन उन्हें बाकी छात्रों के साथ, एक ही बेंच पर बैठने की अनुमति नहीं दी गई। उन्हें सभी छात्रों से काफी फासले पर, अपने घर से लाई हुई चटाई पर बैठना पड़ता था। क्लास में अपने सहपाठियों से बातचीत करने का उन्हें कोई हक़ नहीं था, क्योंकि मुँह के भाप से क्लास अपवित्र हो जाती। उनके टीचर भी उनकी कॉपी हाथ से नहीं छूते थे, बस, दूर से जाँच देते थे। यहाँ तक कि उन्हें संस्कृत पढ़ने की भी अनुमति नहीं दी गई। इसके अलावा जब क्लास चल रही होती, तो उस अछूत सन्तान की प्यास बुझाने के लिए, पानी तक का भी इन्तज़ाम नहीं था। अपनी ज़ुबान खोलकर पानी माँगना भी नामुमकिन! बस, मुँह बाए खड़े

रहो, अगर किसी छात्र या किसी और व्यक्ति का दिल पसीज गया, तो वह ऊपर से पानी उँड़ेल देता, तब जाकर उसकी प्यास बुझ पाती। भीम का स्कूल-जीवन इसी तरह से नृशंस विधानों के शराघात से बेतरह ज़ख्मी हो आया। उनका दिल लहूलुहान होता रहा। नतीजा यह हुआ कि इस शिशु में किसी अन्य भारत का नागरिक और एक उपेक्षित भारतीय आत्मा जाग उठी–जो अपनी प्रतिज्ञा में दृढ़, साधना में अटल, अपनी विजय के प्रति आस्थावान था! लेकिन इस शख़्स को राह में सिर्फ मरुभूमि की तपती रेत ही नहीं मिली, उसके तजुर्बों की राह में दो-एक मरु-उद्यान भी मिले।

एक अदद सहृदय टीचर

अम्बावाद के रामजी शकपाल का बेटा भीमराव रामजी शकपाल जब सतारा के स्कूल में भर्ती हुआ, तब दक्षिण भारत के नामकरण की रीति के मुताबिक उन्हें नाम दिया गया–भीमराव रामजी अम्बावादेकर! जाने क्यों तो यह अछूत बच्चा, एक ब्राह्मण टीचर को बेहद पसन्द आ गया। इतने अत्याचार और लांछन के प्रखर धूप में टुकड़ा भर बादल की तरह, बालक भीम के लिए वे माँ की छाँव बन जाते। अपने हिस्से की टिफिन, वे चुपके-चुपके उस बच्चे को खिला देते। उसे अपने बच्चे जैसा प्यार करने लगे। इसलिए उन्होंने खुद ही, दाख़िले के रजिस्टर में उसके नाम की उपाधि, 'अम्बावादेकर' की जगह आम्बेडकर कर दिया। 'आम्बेडकर', उस ब्राह्मण शिक्षक की अपनी उपाधि थी। जो शख़्स ज़िन्दगी भर ब्राह्मणवाद के खिलाफ जंग करता रहा, वे ही खुद जीवन भर, अपने प्रिय ब्राह्मण टीचर की उपाधि ढोए फिरते रहे, जिसने उन्हें विश्वविख्यात कर दिया यानी भीमराव रामजी शकपाल को दुनिया ने इसी नाम से जाना-माना।

भीमराव ने सतारा के इसी स्कूल में अपनी प्राइमरी शिक्षा पूरी की और हाईस्कूल की पढ़ाई शुरू कर दी। उनके साथ, उनके अग्रज, बलराम राव भी थे। उन्हीं दिनों उन दोनों भाइयों को जीवन के गहनतम दुःख-दर्द का पीड़ादायक तजुर्बा हुआ।

उन दिनों उनके पिता गोरेगाँव में खजांची थे। दोनों भाई उनसे मिलने के लिए, ट्रेन से गोरेगाँव जा रहे थे। पहले उन्हें पादाली स्टेशन से मन्तर तक जाना था। उसके बाद भी अभी लम्बी राह तय करनी थी। उन दोनों ने बहुत पहले ही पिता को ख़त डाल दिया था, ताकि वे उन दोनों को स्टेशन पर मिल जाएँ। पिता को वह ख़त नहीं मिला, इसलिए वे स्टेशन नहीं आए। ज़ाहिर है, दोनों बच्चे भयंकर मुसीबत में पड़ गए। उन्होंने बमुश्किल एक बैलगाड़ी किराए पर ले ली। गर्मी की जलती दोपहरी में, बैलगाड़ी सड़क पर आगे बढ़ी। लेकिन जैसे ही गाड़ीवान को पता चला कि वे दोनों अछूत हैं, उसने झट् उन्हें, बीच-राह पर ही गर्दनिया देकर उतार दिया। उनका सामान भी सड़क पर उछाल दिया। अन्त में, दुगने किराए

पर फैसला हो गया। वे दोनों गाड़ी खुद हँकाकर ले जाएँगे; गाड़ीवान गाड़ी के साथ-साथ, पैदल-पैदल चलता रहा। इस लम्बे सफर में उन दोनों 'अछूत' बच्चों के लिए, न प्यास बुझाने को पानी जुटा, न मामूली आहार!

बम्बई का जीवन

पिता की नई नौकरी बम्बई शहर (अब मुम्बई) में लगी। वे सपरिवार बम्बई चले गए। भीमराव का स्कूल बदल गया। लेकिन दरिद्र और निम्नवित्त पिता की किस्मत में, बम्बई शहर में रहने के लिए घर जुटाना मुश्किल हो गया। उन्हें पार्ले की मजदूर-बस्ती में किसी चावल-विक्रेता के यहाँ आश्रय लेना पड़ा। एक कमरे का डेरा, जिसमें न रोशनी, न हवा! कई-कई परिवारों के लिए कुल दो अदद नल और दो पखाने!

भीम के कमरे में परिवार के सभी सदस्य, असबाब-पत्तर, रसोई का इन्तज़ाम, सोने के बिस्तर तकिए, खाना पकाने के लिए कोयला-लकड़ी और एक अदद बकरी! कुल मिलाकर बेहद अस्वास्थ्यकर माहौल! जहाँ रहना-सहना ही बेहद मुश्किल था, वहाँ भीम को अपने लिखने-पढ़ने का सिलसिला भी, काफी तकलीफ झेलते हुए, जारी रखना था। भीम के पिता उसे वक्त से बहुत पहले ही सुला देते थे और रात के आखिरी पहर में उसे पढ़ने के लिए उठा देते और उसकी जगह, वे खुद सो जाते थे। उस वक्त किसे पता था—चिमनीहीन किरासिन की कुप्पी की रोशनी में, ठसाठस भीड़भरी कोठरी में, भारत का अन्यतम श्रेष्ठ विद्वान, अपने आगामी जीवन की तैयारी कर रहा है; जो भविष्य में बनेगा—डॉ. बी.आर. अंबेडकर!

बम्बई का छात्र जीवन

बम्बई आने के बाद भीम और उसके बड़े भाई आनन्दराव को, शुरू-शुरू में मराठा हाईस्कूल में भर्ती किया गया। लेकिन एक साथ दो-दो बेटों को पढ़ा सकें, पिताजी की इतनी औकात नहीं थी, इसलिए वे बड़े बेटे की पढ़ाई रोक देने को लाचार हो गए। आनन्दराव को किसी कारखाने में छोटी-मोटी नौकरी मिल गई। कुल मिलाकर, परिवार की समवेत कोशिश, त्याग और आन्तरिकता के सहारे अंबेडकर की पढ़ाई-लिखाई का सिलसिला आगे बढ़ता रहा। उन्हें बम्बई के मशहूर एल्फिन्स्टन स्कूल में भर्ती करा दिया गया। चूँकि यह सरकारी स्कूल था, इसलिए अपेक्षाकृत कम ही सही, यानी सतारा जितना न सही, अछूत होने की वजह से कम अपमान और दुत्कार नहीं सहना पड़ा। इसके अलावा वे मजदूर इलाके में रहते थे, इसके लिए भी उन्हें ढेरों उपहास, व्यंग्य-ताने सहन करने पड़े। लेकिन, वे अपने पिता की तरह ही खेल-कूद में चुस्त थे, इसलिए स्कूल में थोड़ा-बहुत नाम ज़रूर

हो गया। इस वजह से स्कूल में उनका थोड़ा-बहुत प्रभाव भी बढ़ा।

यहाँ भी उन्हें संस्कृत पढ़ने की अनुमति नहीं मिली, इसलिए उन्हें फारसी भाषा लेकर पढ़ना पड़ा। वैसे, बाद के दिनों में, काफी कुछ अपनी कोशिश से, थोड़ी-बहुत दूसरों की मदद से, उन्होंने संस्कृत भाषा सीख ही ली, क्योंकि उन्हें पक्का विश्वास था कि संस्कृत भाषा में महाकाव्य की अजस्र स्वर्ण-सम्पदा, व्यवस्थित व्याकरण, राष्ट्रनीति, दर्शन, नाटक, समालोचना और तर्क-विज्ञान का विपुल खज़ाना मौजूद है!

बहरहाल सन् 1907 में उन्होंने एल्फिन्स्टन हाईस्कूल से मैट्रिक पास किया। परीक्षा में फारसी भाषा में उन्होंने सबसे ज़्यादा अंक प्राप्त किए। अछूत समाज के किसी बच्चे का यह शिक्षा-लाभ, दूसरों के लिए प्रेरणा की मिसाल बने, इस घोषणा के साथ, एस.के.बोले के नेतृत्व में अंबेडकर का अभिनन्दन किया गया।

आर्थिक-संकट, आँखों की तकलीफ और अन्यान्य रोग-बीमारियों के कारण साल भर तक उनकी पढ़ाई-लिखाई में विराम लग गया। संकट के इस वक्त, कुछेक हमदर्द व्यक्तियों ने उनकी मदद के लिए हाथ बढ़ा दिया। ख़ासकर ए.के. केलुस्कर की कोशिशों से, अंबेडकर बड़ौदा के महाराजा सयाजी राव गायकवाड़ के यहाँ पहुँचे। महाराजा अंबेडकर की प्रखर बुद्धि, गहरे ज्ञान की प्यास देखकर परम प्रसन्न हो गए। उनके लिए पच्चीस रुपए महीने की छात्रवृत्ति का इन्तज़ाम पक्का हो गया। अंबेडकर ने एलिफिन्स्टन कॉलेज में दाख़िला ले लिया। उनके परिवार को आर्थिक-तौर पर थोड़ी-बहुत राहत मिली। पार्ले में ही, दो कमरों के एक फ्लैट का भी इन्तज़ाम हो गया। ज़ाहिर है कि अब अंबेडकर को अपनी पढ़ाई-लिखाई में थोड़ी सहूलियत हो गई।

इससे पहले ही, समाज के प्रचलित रिवाज के दबाव और बूढ़े पिता की इच्छा के आगे उन्हें झुकना ही पड़ा। दपोली के करीब वानंग के भीखू धुत्रे की बेटी से उनका विवाह हो गया। उस वक़्त अंबेडकर की उम्र कुल 16 साल थी और उनकी पत्नी, रामी की उम्र, कुल 9 वर्ष! वैवाहिक समारोह, बम्बई के बायकुल्ला बाज़ार की मछलीपट्टी के ऊँचे अहाते में सम्पन्न हुआ। ब्याह के बाद रामी को नाम दिया गया—रमाबाई! वैसे यह विवाह, अंबेडकर की पढ़ाई-लिखाई में बाधक नहीं हुआ उनमें ज्ञान की प्यास इतनी तीखी थी कि उनके पिता के लिए, उनकी किताबों का जुगाड़ करना ही काफी बड़ी समस्या बन गया। इसके बावजूद, रामोजी उनके लिए यथासम्भव किताबें खरीद दिया करते थे, क्योंकि अछूत अंबेडकर के लिए पुस्तकालय में प्रवेश वर्जित था!

लेकिन, नमकीन-खारे सागर में भी कहीं-कहीं हरे-भरे द्वीप का टुकड़ा मौजूद होता है, यह प्रकृति का नियम है। ठीक इसी तरह एलिफिन्स्टन कॉलेज में भी अंबेडकर को उनके प्रिन्सिपल और प्रोफेसर मूलर ने उदारमन से सहारा दिया।

उन्होंने भीम के लिए अपने निजी पुस्तकालय के द्वार खोल दिए, जहाँ किताबों का अमूल्य संग्रह मौजूद था। नतीजा यह हुआ कि उन किताबों के अध्ययन-मनन से अंबेडकर की विद्वत्ता ने आकार लिया। उन्होंने सच्चे शिक्षित के तौर पर अपने व्यक्तित्व का विकास किया। वे ज्ञान की व्यापक परिधि में, गहन ज्ञान-अन्वेषण में जुट गए।

इसी कॉलेज से, सन् 1912 में उन्होंने बी.ए. की डिग्री हासिल की और पिता की गरीबी के खिलाफ, जीवन संग्राम में हिस्सा लेने की उम्मीद में, उन्होंने राजा बड़ौदा के अधीन लेफ्टिनेण्ट की नौकरी, तत्काल स्वीकार कर ली। इस बीच उन्हें पिता की बीमारी की ख़बर मिली, वे बम्बई दौड़ पड़े और पिता की मृत्युशैया के पास आ खड़े हुए। सन् 1913 की 2 फरवरी को उनके पिता का निधन हो गया। अंबेडकर के जीवन-इतिहास में, एक युग का अवसान हो गया।

उच्च शिक्षा के लिए विदेश

उन्हीं दिनों बड़ौदा के महाराजा ने घोषणा की कि वे छात्रवृत्ति देकर, चन्द मेधावी छात्रों को, उच्च शिक्षा के लिए विदेश भेजेंगे। अंबेडकर ने महाराजा से भेंट की। चूँकि महाराजा साहब, अंबेडकर को पहले से ही जानते-पहचानते थे, इसलिए उनकी अर्जी मंजूर हो गई। राजा साहब की तरफ से सिर्फ एक ही शर्त थी कि पढ़ाई पूरी करने के बाद, उन्हें राजा के इस्टेट में दस साल तक नौकरी करना होगी। सन् 1913 की 4 जून पर शर्तनामे पर दस्तख़त हो गए। अंबेडकर जुलाई में अमेरिका पहुँच गए और कोलम्बिया विश्वविद्यालय में दाख़िला ले लिया।

कोलम्बिया विश्वविद्यालय में अंबेडकर के पाठ्यक्रम में शामिल था—राजनीति विज्ञान, समाज विज्ञान, मानव विज्ञान, दर्शन और अर्थनीति। पश्चिम के इस ज्ञानकेन्द्र में आकर, अंबेडकर ने मानों एक नई दुनिया के दर्शन किए। वहाँ भारतीय समाज का अभिशाप और जन्मसूत्र से प्राप्त अस्पृश्यता की कालिख, किसी हिंस्र जानवर की तरह, उनका पीछा नहीं करती थी। यह मानो मुक्त आकाश तले, प्रकृति का कोई आनन्दमय संसार था। मनुष्यत्व की अवमानना से परे, कोई उदार-उन्मुक्त देश! अंबेडकर ने अपनी मेधा और ज्ञान-पिपासा समेत, पहली बार, इन्सान के तौर पर हँसी-खुशी महसूस की, जो भारत के 'किसी अस्पृश्य सन्तान' के लिए यह अनुभव, कल्पनातीत था!

अमेरिका में अंबेडकर को प्रोफेसर एड्विन सेलिग्मैन जैसा महापण्डित का शिष्य बनने का सुनहरा मौका मिला। सिर्फ सेलिग्मैन ही नहीं, मानव विज्ञान के एक और प्रोफेसर डॉ. गोल्डेन भाइसार के आयोजित सेमिनार में भी वे आदरणीय थे। उस सेमिनार में उन्होंने 'भारतीय जाति-विभाजन' पर अपना मशहूर रिसर्च-पेपर पढ़ा। सच तो यह था कि उच्चशिक्षा का मौका पाकर, वे एक पल भी नष्ट करने

को राजी नहीं थे, क्योंकि उनकी अस्पृश्य-लांछित ज़िन्दगी के निर्मम थपेड़ों और अभिशापित दरिद्रता के जीवन के कड़वे अनुभव ने उनमें दृढ़ संकल्प और गहरी एकाग्रता भर दी थी। इसीलिए अपने लिए प्रोफेसर, सेलिग्मैन के दोस्त, लाला लाजपत राय का, स्वाधीनता आन्दोलन में शामिल होने का आमन्त्रण भी उन्होंने सविनय दूर हटा दिया।

लेकिन डिग्री हासिल करने के साथ-साथ, उन्होंने भारत में प्रचलित जात-पांत की विषमता को जड़ से मिटा डालने की राजनैतिक शिक्षा भी प्राप्त की थी। उन्होंने लिंकन, वाशिंगटन, जेफरर्सन की जीवनी सिर्फ पढ़ी ही नहीं, उसे दिल से ग्रहण भी किया। विशिष्ट समाजसेवी, शिक्षाविद् और नीग्रो-स्वाधीनता आन्दोलन के अन्यतम श्रेष्ठ योद्धा, ब्रुकर टी वाशिंगटन के जीवन, विचार और संगठन-पद्धति की भी वे तालीम ले रहे थे। वाशिंगटन के जीवन-संघर्ष और कार्यप्रणाली से प्रेरित होकर, अंबेडकर ने भी पिछड़े लोगों की सर्वतोमुखी शिक्षा के आन्दोलन को जीवन के अन्यतम आदर्श के रूप में ग्रहण किया। लेकिन ये तमाम ख़्याल उनकी चेतना के गहनतम स्तर पर ही जगे रहते थे। अपना अधिकांश समय, वे किताबी पढ़ाई और डिग्री हासिल करने में खर्च कर रहे थे। वे विभिन्न पुस्तकालयों में घण्टों गुज़ार देते थे और रात जाग-जागकर अपने कमरे में अध्ययन किया करते थे। सन् 1915 में उन्होंने अर्थनीति में एम.एस-सी. की डिग्री भी हासिल कर ली और सन् 1916 में 'भारतीय जातीय लाभांश' विषय पर अपनी थीसिस जमा कर, पी-एच.डी. की डिग्री अर्जित कर ली।

अमेरिका में उनके कामकाज की रफ़्तार और गम्भीरता इतनी ज़्यादा थी कि निर्धारित समय से पहले ही उन्होंने अपना काम ख़त्म कर लिया। उन्होंने अपनी छात्रवृत्ति में समय-वृद्धि का आवेदन किया और नई-नई योजनाओं के साथ, वे नवीनतर शिक्षा प्राप्त करने के इरादे से, लन्दन चले गए। सन् 1916 की जून में वे लन्दन पहुँच गए। उस ज़माने में लन्दन दुनिया का श्रेष्ठ ज्ञानतीर्थ था। वहाँ अक्तूबर के महीने में, वे मशहूर कॉलेज, लन्दन स्कूल ऑफ इकोनोमिक्स ऐंड पोलिटिकल साइन्स में भर्ती हो गए और साथ ही बैरिस्टरी की पढ़ाई के लिए 'ग्रेज़ इन' (Gray's Inn) में दाख़िला ले लिया। चूँकि अर्थनीति में उनका अध्ययन, बहुत ज़्यादा था, इसलिए उन्हें अर्थनीति में ही डी.एस-सी. करने की अनुमति मिली। कुछ दिनों उन्होंने वहाँ कामकाज भी किया। लेक़िन महाराजा को उन्होंने वृत्ति-समय में वृद्धि का जो आवेदन किया था, वह नामंजूर कर दिया गया और उन्हें रिसर्च का काम अधूरा ही छोड़कर, स्वदेश वापस लौटना पड़ा।

याद रहे कि इसके कुछ ही दिनों के अन्दर रूस-विप्लव का बिगुल बज उठा। दुनिया के नए-नए अनुभवों पर आधारित, पहला समाजतान्त्रिक देश, सोवियत यूनियन का सृजन हुआ। लेकिन अर्थनीति विशेषज्ञ और समाजतत्वविद् अंबेडकर

की निगाहें पूरी तरह भारत पर जमी हुई थीं, ख़ासकर भारत के अस्पृश्य, दलित लोगों के घोर लांछन और उपेक्षा के प्रति! इसलिए उस वक्त समाज विप्लव के इस आमन्त्रण का प्रतिउत्तर देने की मानसिक-प्रस्तुति उनकी नहीं थी।

इसके अलावा, भारतीय समाज में अंबेडकर को जीवन में क़दम-क़दम पर दुत्कार, उपेक्षा और अपमान सहना पड़ा था, अमेरिका-इंग्लैण्ड में उन्हें कभी, किसी दिन भी नहीं झेलना पड़ा। वहाँ उन्हें गणतान्त्रिक व्यवहार और व्यक्ति-मर्यादा मिली। इसलिए साम्राज्यवादी देश का चरित्र, सम्मान जानने-समझने के बावजूद, उन्होंने इसे इस तरह से ग्रहण किया था, क्योंकि स्वदेश के अत्याचार के नर्क के मुकाबले वह देश गणतन्त्र की स्वर्गभूमि जान पड़ी थी। इस भावना को, आज की आँखों और मन के जरिए लांछित मानव-आत्मा के इस करुण क्रन्दन को समझ पाना मुश्किल है। लेकिन यही सच था।

बहरहाल, अंबेडकर जीविका की खोज में जुट गए; दरिद्रता के खिलाफ घोर जंग छेड़ दी; पत्रिका प्रकाशित की, शिक्षा-विस्तार में अहम भूमिका निभाई; छात्रावास की प्रतिष्ठा में दत्तचित्त हुए। इतने सारे अनगिनत कामों में व्यस्त रहने के बावजूद, मन ही मन अपनी अधूरी पढ़ाई पूरी करने की प्रबल प्रतिज्ञा, उन्हें हर पल बेचैन करती रही! आखिरकार ज्ञान-पिपासा की विजय हुई।

उच्च शिक्षा के लिए दूसरी बार विदेश-यात्रा

कोल्हापुर के सायाजी महाराज से प्राप्त आर्थिक सहायता, दोस्त नवल भठेना से कर्ज़-सहायता और अध्यापन से संचित पूँजी लेकर, सन् 1920 की जुलाई में, अंबेडकर लन्दन के लिए दुबारा रवाना हो गए।

अपना अधूरा काम पूरा करने के लिए वे तत्काल 'लन्दन स्कूल ऑफ इकोनोमिक्स ऐंड पोलिटिक्स साइंस' में भर्ती हो गए और साथ ही उन्होंने 'ग्रे' ज़ इन' में भी बैरिस्टरी की पढ़ाई पूरी करने के लिए दाख़िला ले लिया। महान् योगी की घोर तपस्या दुबारा शुरू हो गई। दुनिया के अन्यतम श्रेष्ठ ज्ञान भण्डार—लन्दन म्युज़ियम, लन्दन विश्वविद्यालय पुस्तकालय, इण्डिया ऑफिस लाइब्रेरी समेत, शहर के तमाम महत्त्वपूर्ण पुस्तकालय, संग्रहशालाओं में उनका अध्ययन जारी रहा। सादा खाना, साधारण पोशाक! फिर भी सुबह से रात तक विभिन्न पुस्तकालयों में लगातार पढ़ाई-लिखाई और रात-रात भर जाग-जागकर अध्ययन! इसी तरह, **'ब्रिटिश भारत में साम्राज्यवादी पूँजी का प्रदेश-आधारित विभाजन'** सम्बन्धी रिसर्च पर उन्होंने एम.एस-सी. की डिग्री (जून में) हासिल की और अगले साल यानी 1922 की अक्तूबर में प्रोफेसर एड्विन कन्नन की देखरेख में डी.एस-सी. के लिए, **'भारतीय रुपयों की समस्या'** शीर्षक थीसिस भी जमा कर दी।

डॉ. अंबेडकर द्वारा अर्जित डिग्री और सम्मान : एक नज़र

डिग्री	प्राप्ति वर्ष	प्रतिष्ठान	कार्यारम्भ	विषय : सन्दर्भ
एम ए (M.A.)	1915	कोलम्बिया विश्वविद्यालय	1913 से	ब्रिटिश भारत का वाणिज्य (एडमिनिस्ट्रेशन ऐंड फिनान्स ऑफ दि ईस्ट इंडिया कम्पनी)
पी.एच.डी. (Ph.D.)	1927 1917 से ही उपयोग की अनुमति	कोलम्बिया विश्वविद्यालय	1916 से	भारत की राष्ट्रीय आमदनी (नेशनल डिविडेंड ऑफ इंडिया —ए हिस्टोरिक ऐंड एनालिटिकल स्टडी)
एम.एस-सी. (M.Sc.)	1922	लंदन विश्वविद्यालय	1916 से बीच में आर्थिक कारण से रिसर्च में बाधा	ब्रिटिश भारत की आय (प्रॉविन्सियल डीसेंट्रलाइजेशन ऑफ इम्पीरियल फिनान्स इन ब्रिटिश इंडिया)
डी.एस-सी. (D.Sc.)	1923	लन्दन विश्वविद्यालय	1916 से	रुपयों की समस्या (दि प्रॉब्लम ऑफ दि रुपी.)
बार ऐट लॉ Bar-at-law	1923	लन्दन विश्वविद्यालय	1916 से	क़ानून
एल.एल.डी. (डॉक्टर ऑफ लॉ)	1952	कोलम्बिया विश्वविद्यालय	सम्मानित डिग्री	संविधान सृजन के कृतित्व के लिए
डी.लिट्.	1953	उस्मानिया वि.वि. (हैदराबाद)	सम्मानित	सामग्रिक अवदान के लिए
भारत रत्न उपाधि मरणोपरान्त	1990	भारत सरकार प्रदत्त राष्ट्रीय सम्मान	सम्मानित	जन्मशती वर्ष का सम्मान

इस थीसिस में उन्होंने दिखाया था कि कैसे अंग्रेज लोग रुपए और पाउण्ड के विनिमय में बिल्कुल सूक्ष्म और कुटिल कौशल के जरिए भारत को धोखा दे रहे हैं। इस निबन्ध में सरकार की आलोचना भी थी।

बैरिस्टरी की परीक्षा उन्होंने सम्मानसहित पास की और वहाँ से जर्मनी चले गए। वहाँ बॉन विश्वविद्यालय में शामिल होकर उन्होंने अपनी अगली पढ़ाई शुरू कर दी। यहाँ तक कि वहाँ से उन्होंने ढेरों दुर्लभ और क़ीमती पुस्तकें भी इकट्ठी कीं, हालाँकि उस वक्त वे घोर आर्थिक संकट से गुज़र रहे थे।

बॉन आने से पहले, उन्होंने लन्दन विश्वविद्यालय के छात्र-संसद में अपना एक पर्चा पढ़ा था (जिसका शीर्षक था–रिस्पॉन्सिबिलिटी ऑफ ए रिस्पॉन्सिबल गवर्नमेण्ट : जिम्मेदार सरकार की जिम्मेदारी)–भारत में एक जिम्मेदार सरकार के जिम्मेदारी-पालन से सम्बद्ध इस निबन्ध में जो ख़्याल जाहिर किया गया था, वह सुनकर यह शक हुआ कि वे बाग़ी पार्टी के सदस्य हैं। दूसरी तरफ, वे कोलम्बिया विश्वविद्यालय के प्रख्यात प्रोफेसर सेलिग्मैन के प्रिय छात्र भी थे। और सेलिग्मैन थे, भारत-विख्यात लाला लाजपत राय के अन्तरंग दोस्त! इसलिए उनके रिसर्च को सरकार-विरोधी मन्तव्य मानकर, परीक्षकों ने उनसे वह थीसिस दुबारा लिखने को कहा। उनके गाइड प्रोफेसर एडविन कन्नन ने उन्हें तत्काल बुला भेजा। लेकिन पैसों के अभाव में 'लन्दन जाकर' वहाँ थीसिस लिखने का दुबारा मौका नहीं मिला। अंबेडकर स्वदेश लौट आए। लेकिन कुछ दिनों बाद ही, अपनी वह थीसिस, दुबारा लिखकर उन्होंने डाक के जरिए लन्दन भेज दिया। सन् 1923 के नवम्बर में उन्हें 'डॉक्टर ऑफ साइंस' की सम्मानजनक उपाधि से विभूषित किया गया। उनकी रिसर्च देखते ही देखते काफी मशहूर और चर्चित हो गयी। डॉ. अंबेडकर के शिक्षा-पर्व की आनुष्ठानिक और प्रतिष्ठानिक तौर पर यहीं परिसमाप्ति हुई, लेकिन इसके बाद ही उनके संग्रामी जीवन के महत्त्वपूर्ण अध्याय की शुरुआत हुई, जो उनके दिमाग़ और बुद्धि को प्रखर से प्रखरतर बनाता गया।

द्वितीय खंड

जीवन-संग्राम-1

सामाजिक आन्दोलन

दुनियाभर की तमाम श्रेष्ठ डिग्रियाँ हासिल कर लेने के बावजूद, भारत लौटने के बाद, अंबेडकर ने महसूस किया उनके साथ आचार-व्यवहार में कहीं, कोई फर्क़ नहीं आया है। बड़ौदा की नौकरी के तीखे-कड़वे अनुभव के साथ-साथ, अपमान के और-और इतिहास भी वे भूले नहीं थे। उन्होंने स्वतन्त्र भाव से क़ानून के क्षेत्र में प्रैक्टिस करने की कोशिश की। शुरू-शुरू में चन्द मुवक्किल आए भी, लेकिन जैसे ही उन्हें पता चला कि वे महार जाति के हैं, लोगों ने आना बन्द कर दिया।

अंबेडकर ने संकल्प लिया कि भारत में दलित वर्ग के लोगों को जगाना होगा, उन्हें सचेतन और शिक्षित करना होगा। इस मामले में मानस के आधार पर उनके पिछले अनुभव और पश्चिमी देशों के व्यक्ति-मर्यादापूर्ण गणतान्त्रिक परिवेश के तजुर्बों ने उनका हाथ मज़बूत किया। बड़ौदा के शाह महाराज की आर्थिक मदद से, उन्होंने सन् 1920 की 31 जनवरी को एक मराठी पाक्षिक पत्रिका—**मूक नायक,** प्रकाशित की! उन्होंने इस पत्रिका को अपने आन्दोलन की बुनियाद और प्रचार का माध्यम बनाया। इस पत्रिका में उन्होंने समीक्षात्मक निबन्धों, लेखों द्वारा वर्ण-भेद में अन्धा, हिन्दू धर्म अन्दर से किस क़दर खोखला और निस्सार है आदि पर प्रकाश डाला।

सन् 1920 के मार्च महीने में उन्होंने कोलागाँव इस्टेट के मानगाँव और बाद में नागपुर में दलित-शोषितों का सम्मेलन आयोजित किया। नागपुर सम्मेलन को सर्वभारतीय दर्जा दिया गया। सबसे पहले, उन्होंने यह प्रयास शुरू किया कि दलितों का आपसी वैषम्य, विभाजन कम हो। उनके अपनी महार जाति में ही 18 भेद थे। उनकी अथक कोशिशों से दलित वर्ग एक होने लगा।

सन् 1924 में, इसी लक्ष्य को सामने रखकर उन्होंने एक संस्था स्थापित की—**'बहिष्कृत हितकारिणी सभा'**! सभापति चिमनलाल शीतलवाद। इस संस्था की तरफ से जुलाई में आयोजित सम्मेलन में कई सूत्री कार्यक्रम की घोषणा की गई, जिसमें स्कूल, लाइब्रेरी खोलने, विचार-गोष्ठियाँ, अध्ययन के लिए सामूहिक

विचार-विमर्श शुरू करने का कार्यक्रम भी शामिल था। इसके अलावा जीविका के विकास में वृत्तिमूलक (उद्योग, कृषि आदि) विशेष शिक्षा के लिए आर्थिक मदद करना, दलितों पर किए जानेवाले जुल्म-अत्याचार की रोकथाम और विरोध करने और उनके पक्ष में प्रचार करने के कार्यक्रम भी तय किए गए। उस वक्त उन्होंने जिस संघर्ष का सूत्रपात किया उसका सन्देश था—शिक्षित बनो (educate), आन्दोलन करो (agitate) और संगठन निर्माण करो (organise)।

दलितों का यह आन्दोलन धीरे-धीरे मज़बूत संगठन का रूप लेता गया, दलित लोग दिनोंदिन एकजुट होते रहे और इसके साथ ही अंबेडकर के कामकाज की तत्परता भी बढ़ती गई। सन् 1925 में, सोलापुर और बेलगाँव में दो छात्रावास स्थापित किए गए। अंबेडकर गाँव-गाँव, शहर-शहर घूम-घूमकर शिक्षा और जागरण का सन्देश देने लगे। इस सिलसिले में उन्होंने अनगिनत कार्यक्रम आयोजित किए; सोए हुए दलित समाज को आत्मसम्मान और अधिकार बोध को जागरण-मन्त्र दिया। उनका दृढ़ विश्वास था, एकमात्र शिक्षा ही यह अँधेरा दूर कर सकती है।

अपने सन्देश के प्रचार-प्रसार के लिए, उन्होंने **'बहिष्कृत भारत'** नामक एक मराठी पाक्षिक पत्रिका (1927) दुबारा शुरू की। इस पत्रिका में भी भारत की निर्मम वर्णव्यवस्था के खिलाफ जंग का ऐलान किया गया। शिक्षा, जागरूकता और आत्मसम्मान जाग्रत हो, तभी अस्पृश्यता का यह अभिशाप दूर होगा। इस विषय पर, इस पत्रिका में उनके अनगिनत लेख प्रकाशित हुए। कुछ दिनों बाद, उन्होंने एक और नयी पत्रिका **'समता'** का प्रकाशन शुरू किया और इस पत्रिका के माध्यम से भी वे मानव-अधिकार और समता का प्रचार करते रहे। कुछ दिनों बाद, फिर एक नई पत्रिका, **'जनता'** की शुरुआत की! यह भी पाक्षिक पत्रिका थी।

बम्बई कानून परिषद् के सदस्य

उन्हीं दिनों (1926) डॉ. अंबेडकर बम्बई कानून परिषद् (Bombay legislative council) के सदस्य चुने गए। फलस्वरूप दीन-दुःखी दलित लोगों की कहने-सुनने की ताकत की बुनियाद और पुख्ता होने लगी। दलित लोगों की आवाज़ को बल मिला। उन लोगों को कुछेक विषय, सीधे-सीधे सरकार तक पहुँचाने और उनकी दृष्टि आकर्षित करने का मौका मिला।

चौदा पोखर अभियान

यह बात सभी जानते हैं कि निम्न वर्ण के हिन्दुओं को आम जलाशय से पानी लेने की अनुमति नहीं थी। सन् 1923 के 3 अगस्त को बम्बई कानून परिषद् में, एस.के. बोले के प्रस्ताव-मुताबिक, यह फैसला किया गया कि अन्य आम लोगों

की तरह, निम्नवर्ण के हिन्दू और अछूत भी अब से जनसाधारण के लिए निर्मित जलाशय या प्याऊ या कुएँ, धर्मशालाएँ, विद्यालय, कोर्ट-कचहरी, ऑफिस, चिकित्सा-केन्द्रों में प्रवेश कर सकते हैं और उन सुविधाओं का लाभ उठा सकते हैं। लेकिन आज तक हमारा तजुर्बा यही रहा है कि सिर्फ क़ानून बन जाने से ही, यह कार्यान्वित भी हो, यह ज़रूरी नहीं है। उस ज़माने में यह निर्मम सच्चाई और भी निर्लज्ज तरीके से नज़र आती रही। अस्तु यह फैसला सिर्फ कागज पर ही अंकित हुआ, क़ानून बना, मगर इस पर अमल नहीं हुआ। इसकी वजह यह थी कि मनु-शासित समाज में पुरोहित-तन्त्र के पीछे, एक घातकतन्त्र भी होता है, जो लोग पुरोहितों का अनुशासन नहीं मानते, यह जूतम-पजार फौज़ उन्हें सज़ा देने को टूट पड़ेगी।

इसलिए किसी में भी इतनी हिम्मत नहीं हुई कि वह इस काम के लिए आगे आए। डॉ. बी.आर. अंबेडकर ने इसके नेतृत्व का जिम्मा, अपने कन्धों पर ले लिया। सन् 1927 के 19 और 20 मार्च से उन्होंने अपना आन्दोलन शुरू किया। प्रतीक के तौर पर उन्होंने महाराष्ट्र के कोलाबा ज़िले का महाद पौर सभा का मशहूर जलाशय 'चौदा पोखर' का चुनाव किया। उनके आन्दोलन का पहला क़दम था, इस पोखर का जल-स्पर्श करना। उन्होंने दो-दिवसीय सम्मेलन आयोजित किया। इस सम्मेलन में करीब दस हज़ार 'अछूत' जमा हुए। दूसरे दिन वहाँ मौजूद लोगों ने माँ के दूध की तरह ही परम श्रद्धा-भक्ति और आंतरिकता से पानी ग्रहण किया। वह पानी, लोगों ने स्पर्श किया, पीया; किसी ने परम आदर से उसे माथे से लगाया। समूचा आयोजन बेहद शान्तिपूर्ण तरीके से सम्पन्न हुआ।

दोपहर हो आई। दूर-दूर से आए हुए यात्री धीरे-धीरे लौट गए। सभा-स्थल खाली हो गया। उस वक्त वहाँ जो बच रहे थे, वे ज्यादातर शिशु और बूढ़े औरत-मर्द! अचानक हमला हुआ। वर्णवादी गुंडे अचानक टूट पड़े। नृशंस आक्रमण से महाद की मिट्टी खून में भीग गई। चौदा पोखर का पानी, खून से लाल हो उठा।

अंबेडकर ने बेहद दृढ़ता से अपने साथियों को जवाबी हमले से रोक लिया और सीधे-सीधे कानूनी जंग का सहारा लिया। इस जंग में उनकी जीत हुई। हमलावर गुण्डों को सज़ा हुई। लेकिन हमले के अगले दिन ही इस जलाशय को गोमूत्र, गोबर, दूध, दही और पूजा-अर्चन के जरिए शुद्ध किया गया। सन् 1927 की 4 अगस्त को पौर-सभा ने अछूतों का यह अधिकार वापस ले लिया।

इसके प्रतिवाद में 25 दिसम्बर को, अंबेडकर के नेतृत्व में दलित लोगों ने समवेत सत्याग्रह छेड़ दिया। अंबेडकर ने अपने भाषण में कहा, "**इस देश की धरती पर सामाजिक न्याय और समता का जो नया युग आनेवाला है, आज, यहाँ उसकी शुभ-घोषणा हुई।**' सम्मेलन के इस मंच से 'मनु स्मृति' के कुटिल-चक्र और धूर्तता का मुखौटा नोचकर अलग कर दिया गया और प्रतिवाद के प्रतीक के तौर पर इस

निष्ठुर और अमानवीय ग्रन्थ की प्रतियाँ जलाई गईं। आखिरकार सरकारी आश्वासन पाने के बाद, 26 तारीख को यह सत्याग्रह वापस ले लिया गया।

मन्दिर-प्रवेश अभियान

अंबेडकर के सामाजिक आन्दोलन का प्रभाव, जगह-जगह, दिशा-दिशाओं में नज़र आने लगा। लोगों ने कई-कई तरह से जागरण का उद्घोष किया। बहुत-सी जगहों में दलितों का संघबद्ध प्रतिरोध भी शुरू हो गया।

इस बीच, अमरावती के **अम्बा देवी मन्दिर** में अछूतों के प्रवेश की कोशिश नाकाम हो चुकी थी (21.8.1927)। अब पुणे के **पार्वती मन्दिर** में प्रवेश पाने के लिए सत्याग्रह (1929) शुरू हो गया। सन् 1930 में बी.के. गायकवाड़ के नेतृत्व में, नासिक के **कलाराम मन्दिर** में प्रवेश के लिए सत्याग्रह शुरू हुआ। दूसरी तरफ, केरल के **गुरुभाया मन्दिर** में दलित नेता, केल्लापन के नेतृत्व में वर्षव्यापी सत्याग्रह की शुरुआत हुई (सन् 1931)। सन् 1932 के 14 अप्रैल को, नासिक के कलाराम मन्दिर का आन्दोलन जब तीसरे दौर में पहुँच गया, गायकवाड़ और वनखाम्बे को गिरफ़्तार कर लिया गया। अंबेडकर को सामाजिक आन्दोलनों की व्यर्थता साफ-साफ नज़र आने लगी और उन्होंने मन्दिरों में प्रवेश पाने के लिए, छेड़े गए आन्दोलन बन्द कर दिए। अंबेडकर ने सन्देश दिया : **'मन्दिर में प्रवेश पाने के लिए आन्दोलन छेड़ना अच्छा है, लेकिन जहाँ के लोगों को खाने के लिए भोजन, पहनने के लिए कपड़ा तक नसीब नहीं; जहाँ लोग शिक्षा और चिकित्सा की सुविधाओं से वंचित हैं, उनके लिए मन्दिर में प्रवेश करके, कोई फ़ायदा नहीं है। ऐसे लोगों को अपने कर्तव्य पर अविचल रहना चाहिए और कठिन मेहनत और अध्यवसाय से शिक्षा-लाभ करना चाहिए।'**

बात सच भी थी, युग-युगों से इन्सान भगवान का नाम-स्मरण, भजन-कीर्तन करता आ रहा है, लेकिन इससे जमींदार-महाजनों के अत्याचारों से उसे मुक्ति नहीं मिली। गरीब इन्सानों के लिए **रामचन्द्र के बजाय रोटीचन्द्र** की अहमियत कहीं ज़्यादा होती है।

इसीलिए अंबेडकर ने सामाजिक सुधार-संस्कार की कोशिश के बजाय, राजनैतिक अधिकार दख़ल के संघर्ष को ज़्यादा महत्त्व दिया। शुरू हुआ उनका नया संग्राम! उन्हें लगा कि राजनैतिक संग्राम ही समाज-परिवर्तन की चाबी-काठी है।

राजनैतिक आन्दोलन

डॉ. अंबेडकर दर्द की डाल पर खिले हुए रक्तकमल थे। अपने तजुर्बों के आँसू और पीड़ा में, खून और पसीने में, दर्द और अपमान में, उन्होंने भारतीय हिन्दू समाज का साक्षात्कार किया। इसीलिए दलित-निपीड़ित लोगों की व्यथा-कथा, वे बखूबी

जानते थे। आखिर वे बृहत्तर दरिद्र-दलित ग्राम-भारत के इन्सान थे! वे कहा करते थे, '**जिसके पास कुछ नहीं है, वह दरिद्र है और जो लोग कुछ भी नहीं हैं, वे दलित कहलाते हैं।**' भारत के अधिकांश लोग, इस अनाम-अपरिचय की आड़ में, अंबेडकर की जिन्दगी भर की साधना और संग्राम में, अपनी ही व्यथा-कथा दोहराने के प्रयास में जुटे रहे। वे जितना पश्चिम के भाववादी दर्शन और राजनैतिक व्यक्तित्व से प्रभावित थे, उसी तरह, सोवियत देश के बारे में भी उनकी निश्चित राय थी। वे मार्क्स, ऐंगल्स वगैरह के कम्युनिस्ट विज्ञापनों से भी उतने ही प्रभावित थे।

उनके दिल में फ्रेंच-क्रान्ति की प्रतिध्वनि, हर पल गूँजती रहती थी। बिल्कुल वही स्वाधीनता (Liberty), समता (equality) और भाईचारगी (frakernity) उनके राजनैतिक दर्शन की मूलमन्त्र थी। इसी आदर्श के साथ उन्होंने भारतीय समाज में समता का आन्दोलन शुरू कर दिया।

साइमन कमीशन

इस देश की राजनैतिक स्थिति के सर्वेक्षण और समीक्षा के लिए सन् 1928 की तीसरी फरवरी को साइमन के नेतृत्व में सात सदस्यों का दल भारत आया। चूँकि उस टीम में किसी भारतीय सदस्य को शामिल नहीं किया गया था इसलिए काँग्रेस समेत सभी राजनीतिक दलों ने इस कमीशन का बायकाट किया। दूसरी तरफ साइमन कमीशन को मदद देने के लिए विभिन्न प्रदेशों के कानून-परिषद् के सदस्यों को लेकर एक सहयोगी समिति का गठन हुआ। बम्बई प्रदेश से अंबेडकर प्रतिनिधि मनोनीत हुए। वे कमीशन से निपटने पहुँचे।

यहाँ उल्लेखनीय है कि सन् 1928 में काँग्रेस वर्किंग कमेटी ने संविधान की रूपरेखा प्रस्तुत करने के लिए सभी धर्म, राजनैतिक दल और सम्प्रदायों को आमन्त्रित किया। लेकिन इसमें भी दलितों के किसी प्रतिनिधि, यहाँ तक कि डॉ. अंबेडकर को भी आमन्त्रित नहीं किया गया। फलस्वरूप दलितों से विरोध और बढ़ गया। बहरहाल, 'बहिष्कृत हितकारिणी' सभा की तरफ से बम्बई के 140 सदस्यों के क़ानून-परिषद् में दलितों ने 22 सीटों की माँग की। काफी इन्तज़ार के बाद, कमीशन ने अपनी रिपोर्ट पेश की। लेकिन उसमें भी दलितों की माँग को कोई सम्मान नहीं दिया गया था। साथ ही इस रिपोर्ट में यह भी कहा गया था कि दलित वर्ग के जो भी लोग चुनाव में उम्मीदवार होंगे, उन्हें सरकार से अनुमति-पत्र लेना होगा। बहिष्कृत हितकारिणी सभा की माँगें स्वीकृत कराने के लिए सन् 1930 की 8 अगस्त को नागपुर में दलित सम्मेलन आयोजित किया गया। इस सम्मेलन में कमीशन के फैसलों का घोर विरोध किया गया।

सम्मेलन में इसके अलावा, दलितों पर सामाजिक निपीड़न बन्द करने पर ज़ोर दिया गया। काँग्रेस का जहाँ यह नारा था कि पहले आज़ादी, उसके बाद

समाज-संस्कार का कार्यक्रम, उसी तरह दलितों की माँग थी, पहले समाज-क्रान्ति, उसके बाद आज़ादी मिले, तो भी चलेगा। इसी सम्मेलन में यह भी तय किया गया कि गोल मेज़ कॉन्फ्रेंस में अंबेडकर ही जाएँगे।

गोल मेज़ बैठक

भारतीय राजनैतिक अस्थिरता पर बातचीत के लिए, अंग्रेज सरकार ने भारतीय प्रतिनिधियों को आमन्त्रित किया। भारत की विविध पार्टियों, धर्म, सम्प्रदाय, राजभक्त वर्ग के प्रतिनिधियों को लेकर कुल तीन बैठकें हुईं। चूँकि इसी बातचीत के आधार पर शासन हस्तान्तरण और अन्यान्य मुद्दे तय किए जानेवाले थे, इसलिए ये बैठकें विशेषरूप से महत्त्वपूर्ण थीं। इससे पहले ही (8-9 अगस्त, 1930) नागपुर के ऑल इण्डिया डिप्रेस्ड क्लास सम्मेलन, अंबेडकर के सभापतित्व में आयोजित हुआ, जिसमें अंबेडकर ने कहा कि अंग्रेज शासन में दलितों का और अधिक नुकसान हो रहा है। इसलिए उन सबको भी स्वराज्य-प्राप्ति के आन्दोलन में शामिल होना होगा। इसी मनोभाव से ही वे गोल मेज़ कॉन्फ्रेंस में भी शामिल हुए।

गोल मेज़ कॉन्फ्रेंस की पहली बैठक, लन्दन में सन् 1930 की 12 नवम्बर को हुई। इसमें 89 प्रतिनिधि शामिल हुए! पहली बैठक का काँग्रेस ने बायकाट किया। इस बैठक में शामिल होनेवालों में 16 अंग्रेजों की राजनीतिक पार्टी के प्रतिनिधि, 20 भारतीय राजभक्त प्रतिनिधि और बाकी (कांग्रेस छोड़कर) 53 भारत के विभिन्न राजनीतिक दलों और सम्प्रदायों के नेता। विशिष्ट हिन्दू नेताओं में मौजूद थे—सर तेज़बहादुर सप्रू, एम.आर. जयाकर, सर चमनलाल शीतलवाद, श्रीनिवास शास्त्री और सी.वाई. चिन्तामणि। मुसलमान प्रतिनिधियों में आग़ा ख़ान, सर मुहम्मद शफी, मोहम्मद अली जिन्ना, फज़लुल हक़; सिक्खों की तरफ से शामिल थे—सरदार उज्ज्वल सिंह, हिन्दू महासभा के प्रतिनिधि डॉ. बी.आर. मुंजे; ईसाइयों के प्रतिनिधि के.टी. पाल, राजभक्ति वर्ग के अलवर, बड़ौदा, भोपाल, बीकानेर, पटियाला के राजा और सर अकबर हैदर, सर सी.सी. अय्यर वगैरह! भारतीय 'डिप्रेस्ड क्लास' के प्रतिनिधि थे डॉ. बी.आर. अंबेडकर! किसी महत्त्वपूर्ण सरकारी बैठक में, पहली बार, दलित वर्ग के प्रतिनिधित्व को मान्यता दी गई।

सन् 1931 की 12-19 जनवरी को इस कॉन्फ्रेंस का उद्घाटन, स्वयं पंचम जॉर्ज ने किया। इस अति महत्त्वपूर्ण विचार-सभा में, अंबेडकर ने अपनी व्यक्तिगत खूबियों के दम पर भारतीय प्रतिनिधित्व का श्रेष्ठ आसन ग्रहण किया। कुशल वक्ता, प्रबल पण्डित-विद्वान और एक राष्ट्रीय नेता के तौर पर उन्हें अंग्रेजी अखबारों और अंग्रेज सरकार से पर्याप्त प्रशंसा मिली, इधर भारत में भी उनके कुशल नेतृत्व की स्वीकृति प्रतिष्ठित हुई।

उन्होंने अंग्रेज प्रभुओं के मुँह पर ही उनकी कठोर आलोचना की और स्वायत्त शासन का दावा पेश किया। इस स्वायत्त शासन में दलित लोगों के अधिकारों को स्वीकृति मिलेगी और राजनैतिक क्षमता का यथानुसार स्वस्थ वितरण होगा। बाद में खुद गाँधी जी ने भी अंबेडकर के तेजस्वी भाषण और राष्ट्रनेता की जिम्मेदारी निभाने की प्रशंसा की।

इस दौरान, अंबेडकर ने भारत के दलित, निपीड़ित लोगों की सच्ची तस्वीर निरूपित करने के लिए, पश्चिम के अखबारों को बार-बार अपनी आवाज़ के प्रचार-प्रसार का माध्यम बनाया। इन निपीड़ित लोगों को फौज में नहीं लिया जाता; न ही नौकरी का मौका दिया जाता है; सुख-सुविधा के सारे दरवाजे इनके लिए बन्द कर दिए गए हैं—गोल मेज़ कॉन्फ्रेंस में अंबेडकर ने ज़ोरदार भाषण में इसका प्रतिवाद किया। इसी कॉन्फ्रेंस में उन्होंने कानून के शासन और शारीरिक ताकत की जगह, संवैधानिक अनुशासन की प्रतिष्ठा का दावा किया।

सम्मेलन में जो 9 सब-कमेटी बनीं, एक-एक करके, उन सभी सब-कमेटी में उन्हें सदस्य बना लिया गया। उनकी व्यक्तिगत योग्यता और उनके सारपूर्ण वक्तव्यों की वजह से ही, यह सम्भव हुआ।

वोट से जुड़ी, 'फ्रेन्चाइज़ सब-कमेटी' में उन्होंने दलितों के लिए, अलग चुनाव-क्षेत्र की माँग की। साथ ही उन्होंने यह भी कहा कि सार्वजनीन वोटाधिकार प्रतिष्ठित न हुआ, तो भारत के अधिकांश जन-गण स्वायत्त शासन के अधिकारों से वंचित रह जाएँगे। सन् 1932 में, लन्दन के गोल मेज़ कॉन्फ्रेंस में अंबेडकर के प्रयासों से, निर्यातित वर्ग के लिए स्वतन्त्र निर्वाचक-मंडली की माँग स्वीकृत हो गई। लेकिन गाँधीजी ने इसके खिलाफ आमरण अनशन शुरू कर दिया और राष्ट्र के दबाव ने अंबेडकर को निरुपाय कर दिया। उन्हें 'पुणे-पैक्ट' के समझौता-पत्र पर दस्तखत करना ही पड़ा।

गाँधीजी से साक्षात्कार

इस प्रसंग में यह उल्लेखनीय है कि गोल मेज़ कॉन्फ्रेंस से एक सुबह पहले (10. 8.1931) गाँधीजी की इच्छा पर, अंबेडकर और गाँधीजी की भेंट हुई। गाँधीजी ने उन्हें बताया कि वे अस्पृश्यता को नहीं मानते, हालाँकि उनकी राय, वर्ण-विभाजन के पक्ष में है। अंबेडकर का जवाब था—अस्पृश्यता और वर्ण-भेद एक-दूसरे से पूरी तरह जुड़े हुए हैं। जैसे सोने का पथरौटा नहीं बन सकता, अस्पृश्यता के बिना वर्णाश्रम का अस्तित्व असम्भव है। इस साक्षात्कार के बाद, गाँधीजी और अंबेडकर के बीच की दूरी काफी बढ़ गई और जिसने 'पुणे-पैक्ट' की पृष्ठभूमि तैयार करने में प्रमुख भूमिका निभाई।

पुणे-पैक्ट

सन् 1932 की 16 अगस्त को अंग्रेज प्रधानमन्त्री ने 'साम्प्रदायिक बँटवारे' की घोषणा की। मुसलमान, ईसाई, सिक्ख, यूरोपीय और निर्यातित-दलित लोगों के लिए अलग निर्वाचन व्यवस्था को स्वीकृति मिल गई। फलस्वरूप साम्प्रदायिक आधार पर संसदीय राजनीति में हिन्दुओं की संख्या कम हो जाने की सम्भावना साफ नज़र आने लगी। उन दिनों गाँधीजी अहमदाबाद के यरवदा जेल में बन्दी थे। इस ख़बर से वे विचलित हो उठे। हालाँकि गोल मेज़ कॉन्फ्रेंस में भी गाँधीजी ने हिन्दुओं की एकता में किसी तरह की दरार पड़े, इसका विरोध किया था। आखिरकार, यह ख़बर पाकर, उन्होंने जेल में ही आमरण अनशन शुरू कर दिया।

दरअसल, गाँधीजी के राजनैतिक सहयोगी, प्रधान रूप से उच्च वर्ण के जमींदार, धनी और मध्यवित्त लोग थे। इन लोगों के स्वार्थ की फ़िक्र ने उन्हें बेतरह परेशान कर दिया।

गाँधीजी के आमरण अनशन की घोषणा से भारत के जबरजंग हिन्दू नेताओं समेत रवीन्द्रनाथ, सुभाषचन्द्र जैसे देश के आदरणीय नेतागण भी बेतरह चिन्तित हो उठे। सभी नेता अंबेडकर पर दबाव डालने लगे। गाँधीजी की प्राण-रक्षा के तकाजे पर, दलितों का थोड़ा-बहुत स्वार्थ ताक पर रखकर, राष्ट्र की इच्छा के आगे सिर झुकाना ही पड़ा। गाँधीजी के प्राणों की रक्षा हुई। सन् 1932 की 24 सितम्बर को **'पुणे-पैक्ट'** पर दस्तख़त किए गए। 148 संयुक्त निर्वाचनी सीटें दलितों को दी गईं।

हालाँकि इस समझौते पर गाँधीजी ने दस्तखत नहीं किया, लेकिन दलितों की तरफ से अंबेडकर और सवर्ण हिन्दुओं की तरफ से मदनमोहन मालवीय ने दस्तखत कर दिए।

अन्य जिन लोगों ने पुणे समझौते पर दस्तख़त किए थे, उनमें शामिल थे—जयाकर, तेज़बहादुर सप्रू, जी.डी. बिड़ला, राजगोपालाचारी, डॉ. राजेन्द्र प्रसाद, देवदास गाँधी, ठक्कर, डॉ. सोलंकी, कामथ, रामबहादुर श्रीनिवास, एरा.सी. राजा, रसिकलाल विश्वास, पी.एन. राजभोज, पी. बालू और गभाई! इसके अलावा, बाद में बम्बई में भी बहुत से लोगों ने इस समझौता-पत्र पर दस्तख़त कर दिए।

श्रमिक संगठन और श्रमिक कल्याणव्रती

सन् 1935 के स्वायत्त शासन कानून के मुताबिक सन् 1937 की फरवरी में आम चुनाव की घोषणा कर दी गई। डॉ. अंबेडकर ने अपने साथियों और सहकर्मियों से सलाह-मशविरा करके, सन् 1936 की अगस्त में एक नई राजनैतिक पार्टी की नींव रखी, जिसे नाम दिया—'स्वाधीन श्रमिक पार्टी'। कुछ ही दिनों में इस पार्टी

की कार्यसूची की भी घोषणा कर दी गई। डेमोक्रेटिक स्वराज पार्टी के नेता, एल. बी. भोपटकर और केलकर के साथ डॉ. अंबेडकर का चुनाव-गठबन्धन हुआ। पुणे के दक्षिणपंथी भोपटकर के साथ ये गठबंधन, बहुत-से लोगों को नागवार लगा और पार्टी कार्यकर्ताओं में ही विवाद उठ खड़ा हुआ! आलोचना की आँधी बह गई। लेकिन, निर्वाचन के परिणाम अंबेडकर के लिए विपुल सफलता लेकर आए। स्वाधीन श्रमिक पार्टी के 17 उम्मीदवारों में से 15 सदस्य चुन लिए गए। अंबेडकर खुद भी भारी वोट से बम्बई में विजयी हुए। लेकिन भोपटकर काँग्रेस द्वारा पराजित हो गए।

निर्वाचन की विपुल विजय के बाद, बम्बई के मैदान में, स्वाधीन श्रमिक पार्टी की सभा बुलाई गई। इस सभा में अंबेडकर ने दलित वर्ग के लिए यथासम्भव कुछ करने की बात, दुबारा दुहराई।

बम्बई कानून परिषद् का एक अधिवेशन पुणे में आयोजित हुआ। अंबेडकर, कोंकण अंचल में प्रचलित, गरीब मजदूरों का शोषण करनेवाली 'खोटी' नामक एक घृणित प्रथा को समाप्त करने के लिए, एक बिल ले आए। इस प्रथा के माध्यम से गरीब श्रमिकों को गुलाम बनाकर रखा जाता था। कानून-परिषद् में खेत-मजूरों के हित में पहली बार बिल पेश करके, अंबेडकर ने इतिहास रचा। लेकिन काँग्रेस के नेतृत्वाधीन क़ानून परिषद् मैं उस बिल पर बातचीत और बहस का मौका ही नहीं दिया गया। (अंबेडकर के निधन के बाद, सन् 1959 में यह प्रथा समाप्त कर दी गई।) चूँकि 'खोटी' प्रथा पर, कानून परिषद् में बहस का मौका नहीं दिया गया, अंबेडकर ने इसके खिलाफ आन्दोलन छेड़ दिया। ठाणे, कोलावा, रत्नगिरि, सतारा, नासिक वगैरह ज़िला के खेत-मजूरों में प्रचण्ड विक्षोभ फैल गया। इन तमाम ज़िलों की तरफ से वे बम्बई के काउंसिल हॉल अभियान पर निकल पड़े। बीस प्रतिनिधियों को साथ लेकर, उन्होंने बम्बई के मुख्यमन्त्री से मुलाक़ात की। मुख्यमन्त्री, खेर ने उन्हें बताया कि इस मामले में, मन्त्रि-परिषद अपने सोच-विचार के मुताबिक कार्य करेगा। बाद में, इस्प्लानेड में एक जनसभा में भाषण देते हुए, अंबेडकर ने कहा, 'समाज में कुल दो ही वर्ग हैं। एक वर्ग शोषण करता है, दूसरा वर्ग शोषित होता है। ये शोषित लोग, सशक्त संगठन बनाकर, संग्राम के माध्यम से ही शोषणमुक्त हो सकते हैं।' उन्होंने साफ-साफ घोषणा की कि वे लोग राजनीतिक पार्टियों पर हरगिज भरोसा न करें। उनका सन्देश था—**'वास्तविक श्रमिक-कृषकों का नेतृत्व ही उनकी मुक्ति की एकमात्र राह है।'**

सन् 1938 की 12 और 13 फरवरी को मनमांड में अंबेडकर ने अछूत रेल-कर्मचारियों का एक सम्मेलन आयोजित किया। इस सम्मेलन में बीस हज़ार से भी अधिक कर्मचारी शामिल हुए। अंबेडकर ने घोषणा की कि देश की गरीब-दरिद्र श्रमिक श्रेणी के मुख्य शत्रु दो ही हैं। एक है—धनतन्त्र और दूसरा ब्राह्मणवाद। देश के मज़दूर वर्ग को आज इन दोनों वर्गों के दुश्मनों के खिलाफ लोहा लेने की

शपथ लेनी होगी। ब्राह्मणवाद, सिर्फ सामाजिक वंचना ही नहीं है, अर्थनैतिक वंचना का भी अन्यतम, अहम हथियार है। सामाजिक वंचना के माध्यम से, कैसे अर्थनैतिक शोषण किया जाता है, उन्होंने इसका उदाहरण देते हुए यह भी कहा कि अछूत लोगों को रेल में सिर्फ गैंगमैन के पद पर ही बहाल किया जाता है। अन्यान्य पद तो दूर की बात, उन्हें कुलियों के पद पर भी नियुक्त नहीं किया जाता। राजनीति के मैदान में श्रमिक और अस्पृश्य नेता के तौर पर उतरने की वजह से अंबेडकर का कामकाज और जिम्मेदारी काफी बढ़ गई। उन्होंने क़ानून कॉलेज के चान्सलर के पद से इस्तीफा दे दिया और पूरी तरह पार्टी के कामों में अपना ध्यान केन्द्रित कर लिया।

इस प्रसंग में यह बात उल्लेखनीय है कि आज बहुत-से लोग, उनके अवदान के बारे में, तरह-तरह की राय जाहिर करते हैं, लेकिन अगर श्रद्धासहित, इतिहास बोध के प्रसंग में उनके अवदानों की जाँच-परख और विश्लेषण किया जाए तो ये बातें बिल्कुल सही और सटीक लगेंगी : गाँव के गरीब लोगों के अलावा अंबेडकर ने शहर के श्रमिक वर्ग पर ही सबसे ज़्यादा ज़ोर दिया और उन पर अपना ध्यान केन्द्रित किया। इनमें उल्लेखनीय संख्या में, ज़्यादातर निम्नवर्ग के इन्सान शामिल थे। रेल से लेकर वस्त्र तक, महाराष्ट्र के विविध उद्योगों में कार्यरत निम्नवर्ग को उन्होंने संगठित किया। धीरे-धीरे वे ट्रेड यूनियन के अति महत्त्वपूर्ण नेता गिने जाने लगे। इस दौरान एक बार कम्युनिस्ट लोगों के साथ मत-विरोध और तकरार भी हो गई। नतीजा यह हुआ कि सन् 1929 में कम्युनिस्ट लोगों की पुकार पर जो शिल्प-हड़ताल की गई, अंबेडकर ने उसका समर्थन नहीं किया। उनकी शिकायत थी कि अनगिनत उद्योग में प्रमोशन वगैरह की जो सुविधा दी जाती है वहाँ जात-पाँत के आधार पर, बहुत-से श्रमिकों को इनसे वंचित रखा जाता है। इस विषमता के खिलाफ वे लोग विरोध क्यों नहीं करते?

उस ज़माने में दलित वर्ग की जो स्थिति थी, आज के दलित वर्ग की हालत और अनुभव भी काफी हद तक एक जैसा है। आज के प्रगतिशील लोग अगर इस मामले में सच्चे और ईमानदार न रह सके, तो दलित और सर्वहारा का यह संयुक्त आन्दोलन कभी भी सुदृढ़ नहीं हो सकता, जो भारतवर्ष के आगामी राजनैतिक रूप-परिवर्तन की अनिवार्य शर्त है।

10 साल बाद, स्वयं अंबेडकर, बिना किसी झिझक के, कम्युनिस्ट वर्ग के साथ कन्धे-से-कन्धा मिलाकर, एक विशाल शिल्प-हड़ताल के अन्यतम संगठनकर्ता हो उठे। उन दिनों बम्बई राज्य के मुख्यमन्त्री थे—खेर! सन् 1938 में सितम्बर का महीना! सरकार क़ानून परिषद् में 'इण्डस्ट्रियल डिसप्यूट बिल' ले आई। इस बिल का उद्देश्य था—मजदूरों के सारे अधिकार छीनकर, उन्हें क्रीतदास बनाना। ज़ाहिर है, प्रबल विरोध की प्रचण्ड लहर बहने लगी। क़ानून परिषद् के अन्दर दो श्रमिक

नेता—अंबेडकर और यमुनादास मेहता ने इस बिल के खिलाफ अपनी जान लड़ा दी। यमुनादास, अंबेडकर, पारलीकर, मिराजकर, डाँगे, निम्बकर और कुछेक अन्य लोगों को लेकर गठित काउंसिल ऑफ ऐक्शन कमिटी ने नेतृत्व दिया। सन् 1938 की 7 नवम्बर को हड़ताल का आह्वान किया गया। इससे एक दिन पहले कामगर मैदान में 80 हज़ार मजदूरों ने, हड़ताल सफल करने की शपथ ली। अगले दिन एस.के. पाटिल के नेतृत्व में हड़ताल-विरोधी प्रबल प्रचार! एक तरफ सरकार थी—साथ में पुलिस और दूसरी तरफ सरदार पटेल, मथुरादास भीकमजी, भवनजी खिभाज वगैरह प्रमुख नेताओं के समझाने-बुझाने-रिझाने की उपेक्षा करके, मजदूरों ने उस हड़ताल को सफल बनाया। वह दिन भारत के श्रमिक-संग्राम के इतिहास में एक ऐतिहासिक दिन था। हड़ताल के अन्त में कामगर मैदान में शाम के वक्त एक विशाल आयोजन आयोजित किया गया, जहाँ श्रमिकों के अभिनन्दन के लिए उनके तमाम नेतागण मंच पर मौजूद थे। यमुनादास, अंबेडकर और उनके कन्धे-से-कन्धा मिलाए, कम्युनिस्ट आन्दोलन के विशिष्ट नेतागण—रणदिभे, प्रधान, निम्बकर, डाँगे और मिराजकर!

उस दिन इस संग्राम पर केन्द्रित, ऐतिहासिक 'युक्त फ्रण्ट' यानी संयुक्त मोर्चे की नींव पड़ी। संग्राम के उस मंच पर दो-दो सपने साकार हो उठे। उच्चवर्ण के फेंकी गई, ज़हरीली रोटी के खिलाफ जंग जीतकर, जात-पाँतहीन, वर्ण-द्वेषहीन, सामाजिक विषमता और अत्याचार से परे, समता का भाव और प्यार के समाज की प्रतिष्ठा का सपना! इन्सान के अधिकार और आत्म-सम्मान की प्रतिष्ठा का सपना! उस सपने के साथ आ मिला था, श्रेणीहीन, शोषणहीन, समता पर आधारित समाज प्रतिष्ठा का वैज्ञानिक दर्शन!

कई कारणों से यह मिलन दीर्घ स्थाई नहीं हो सका। वह संयुक्त मोर्चा नहीं टिक पाया। अगर वह टिक गया होता, तो आज भारतवर्ष का चेहरा कुछ और ही होता। ख़ैर, वे दोनों स्वप्न आज भी ज़िन्दा हैं। आज भी एकाकार होने के इन्तजार में हैं। उसी मिलन में ही मौजूद है भारतवर्ष की सामाजिक, अर्थनैतिक, सांस्कृतिक मुक्ति की कुंजी! जिस शृंखला के अलावा सर्वहारा के पास और कुछ भी नहीं है, वही शृंखला मुक्ति की भी राह है, क्योंकि इस देश के दलित लोग ही हर मायनों में सचमुच सर्वहारा हैं। उन्हें दूर रखकर, मुक्ति के लिए की गई कोई भी क्रान्ति पूरी नहीं होगी।

एक और प्रसंग का उल्लेख यहाँ ज़रूरी है। यह बात, उस ज़माने की है, जब बहुत वर्षों बाद, अंबेडकर को अंग्रेज शासित भारत में, वायसराय के एक्जिक्यूटिव काउंसिल के श्रम सदस्य का दायित्व सौंपा गया। उस वक्त (1941-1946) उन्होंने मजदूरों के हित के लिए कई कल्याणकारी क़दम उठाए। उनके सचिव बने रहने के दौरान, और परवर्ती समय में, मजदूरों की बेहतरी के लिए कई-कई कल्याणकारी बिल

पास हुए। जिसकी वजह से मजदूर वर्ग को कई क़ानूनी सुविधाएँ प्राप्त हुईं। इस मामले में अंबेडकर की विशिष्ट भूमिका थी–

(1) कोयला मजदूरों की शिक्षा, गृह-निर्माण समेत अन्यान्य मामलों में सहायता (2) नौकरी में बहाल महिलाओं के लिए 46 सप्ताह की छुट्टी (1943 की क़ानूनी धारा के मुताबिक कोयला-खदानों में कार्यरत श्रमिक महिला के गर्भवती होने पर 10 सप्ताह; सद्यः सन्तान की माँ को 26 सप्ताह और बाद में 10 हफ़्ते की छुट्टी) (3) इम्प्लॉयमेण्ट एक्सचेंज यानी रोजगार दफ़्तर की प्रतिष्ठा (4) उद्योग और कल-कारखानों के श्रमिकों के लिए 8 घण्टे काम की स्वीकृति और वेतन समेत छुट्टी का प्रबन्ध (5) ट्रेड यूनियन के अधिकार-विस्तार को स्वीकृति (6) श्रमिकों की मृत्यु या ज़ख्मी होने पर, उनके परिवार को एकमुश्त अनुदान का इन्तज़ाम (7) श्रमिकों का न्यूनतम वेतन निर्धारण वगैरह!

तफसीली फेडरेशन और रिपब्लिकन पार्टी

अंग्रेज शासकों की तरफ से सन् 1942 में क्रिप्स मिशन भारत आया। इस मिशन ने भारत को 'डोमिनियन स्टेटस' देने का वादा किया। अंबेडकर जब मिशन के सदस्यों से मिलने गए, तो उन्होंने पूछा कि वे कोई मजदूर नेता या दलित नेता हैं? इस सवाल ने अंबेडकर को चिन्तित कर दिया।

सन् 1942 की 18-19 जुलाई को नागपुर के मोहन पार्क में, राजनैतिक तकाजे पर अखिल भारत तफसीली फेडरेशन की शुरुआत की घोषणा की! इस फेडरेशन पर, राजनैतिक और सरकारी नौकरी के मामले में देशव्यापी संघर्ष और आन्दोलन छेड़ने का जिम्मा सौंपा गया। इस सम्मेलन के दौरान ही अनुसूचित महिला सम्मेलन और समता सैनिक पार्टी का भी सम्मेलन आयोजित किया गया।

दलित श्रेणी के लोग भी नौकरी वगैरह में सही अनुपात में प्रवेश कर सकें। अंबेडकर ने इस पर विशेष ध्यान दिया। यह बात उनकी समझ में बखूबी आ गई कि सरकारी प्रशासन में भागीदारी के बिना, तफसीली जाति अपने प्राप्य मौकों और सरकारी न्याय निर्णय से वंचित रह जाएँगे।

डॉ. अंबेडकर दलित वर्ग के नेता के तौर पर ही परिचित रह गए। उनका संकल्प था शिक्षा के आलोक में इन दीन-दलित लोगों को जागरूक करना होगा और इन्हें जीवन के तमाम अधिकार दिलाना होगा। इसके लिए संघर्ष ज़रूरी था। डॉ. अंबेडकर ने अपने को, पिछड़े लोगों को उनका जायज अधिकार दिलाने की जंग में हर वक्त तत्पर रखा। वे तन-मन से दलित-संघर्ष में साथ रहे। इन्सानी इतिहास और संघर्ष में, कार्ल मार्क्स और अंबेडकर में, एक खास बिन्दु पर, जबर्दस्त मेल था। मार्क्स ने वर्ग-संघर्ष के तथ्य लिखे। दूसरी तरफ अंबेडकर ने जाति-भेद

और वर्ण-भेद प्रथा के खिलाफ क़लम चलाई, भारत में जो वर्ग-संघर्ष की तरह ही बेहद महत्त्वपूर्ण था।

गण-परिषद् में चुनाव

राजनैतिक द्वन्द्व और आदर्शगत मत-विरोध की वजह से, कांग्रेस के साथ अंबेडकर क़ा रिश्ता, जब बेहद जटिल दौर से गुज़र रहा था, उन्हीं दिनों प्रादेशिक क़ानून परिषद् के सदस्यों के वोट के माध्यम से गण-परिषद् में सदस्य पद के चुनाव की गतिविधियाँ शुरू हो गईं। अंबेडकर ने अपने राजनैतिक पार्टी, तफसीली फेडरेशन की तरफ से सन् 1946 के मार्च महीने के निर्वाचन में प्रतिद्वन्द्विता की। लेकिन पराजित हो गए। इसीलिए बम्बई या अन्यान्य प्रदेशों में तफसीली फेडरेशन के निर्वाचित प्रतिनिधि मौजूद नहीं थे और उनके द्वारा डॉ. अंबेडकर के गण-परिषद् का सदस्य बनने की सम्भावना बिल्कुल नहीं थी।

सन् 1946 के निर्वाचन में तफसीली से रक्षित सीटों की संख्या कुल 30 थी। कुल एक सीट पर तफसीली फेडरेशन का प्रार्थी (बरिसाल से योगेन्द्रनाथ मण्डल) और बंगाल के अन्य तीन सीटों पर निर्दल तफसीली उम्मीदवार विजयी हुए। जोगेन मण्डल की कोशिशों से अंबेडकर निर्वाचित हुए। उन्हें योगेन्द्रनाथ मण्डल, द्वारकानाथ बरुई, गयानाथ विश्वास, नगेन्द्रनारायण राय, क्षेमनाथ सिंह और मुकुन्दबिहारी मल्लिक ने वोट दिया था। उस दिन बंगाल से अंबेडकर की विजय काफी अर्थपूर्ण थी, हालाँकि मन्त्रि-परिषद् में उन्हें जगह नहीं मिली। कांग्रेस की टिकट पर जगजीवन राम तफसीली मन्त्री बने और मुस्लिम लीग की टिकट पर योगेन्द्रनाथ मण्डल!

मृत्यु से पहले, डॉ. अंबेडकर ने सपनों की राजनैतिक पार्टी, भारत की रिपब्लिकन पार्टी का गठन किया (1956) और उसकी रूपरेखा में उन्होंने जो कार्य सूची बनाई, उसमें उन्होंने उल्लेख किया कि समाज-तन्त्र की प्रतिष्ठा के माध्यम से ही दरिद्र और दलित वर्ग की मुक्ति सम्भव है। लेकिन उनके जीवन की शाम आ पहुँची थी। अपने सपनों को साकार करने का संयोग, उनके जीवन में नहीं आया। इसी साल (6 दिसम्बर) उनका निधन हो गया।

तृतीय खंड

जीवन संग्राम-2

भारत का संविधान और अंबेडकर

सन् 1947 की 16 जुलाई को ब्रिटिश पार्लियामेण्ट ने भारतीय स्वाधीनता का क़ानून पास कर दिया। गण-परिषद्, सार्वभौम क्षमता का अधिकारी बन गया। डॉ. अंबेडकर, पहले संयुक्त बंगाल से और देश विभाजन के बाद, महाराष्ट्र से गण-परिषद् के सदस्य निर्वाचित हुए। डॉ. एम.आर. जयाकर ने उनके लिए अपने पद से इस्तीफा दे दिया।

अंबेडकर राष्ट्रीय पताका या फ्लैग कमिटी के सदस्य के तौर पर, बौद्ध स्मरणिका में अंकित अशोक चक्र शोभित पताका के अनुमोदन में, उनका अवदान सबसे बढ़कर था।

जब स्वतन्त्र भारत के लिए संविधान रचने-गढ़ने का सवाल उठा, जवाहरलाल और सरोजिनी नायडू, गाँधीजी के सामने हाज़िर हुए और उन्होंने बताया कि चूँकि देश में कोई सुयोग्य संविधान विशेषज्ञ नहीं है, इसलिए संविधान रचना के लिए, वे लोग सर आइभर जेनिंग्स को लाने की सोच रहे हैं। गाँधीजी ने छूटते ही डॉ. अंबेडकर का नाम लिया यानी गाँधीजी की सम्मति से ही, बाद में डॉ. अंबेडकर, संविधान कमिटी के सभापति नियुक्त किए गए। गण-परिषद् रूपरेखा संविधान कमिटी के अन्यान्य सदस्य थे—ए. कृष्णस्वामी, एन.जी. आयंगार, डॉ. के.एम. मुंशी, बी.एन. राव, एन. माधव रांव, टी.टी. कृष्णमचारी, एम.एम. सायदुला वगैरह।

सन् 1948 की 4 नवम्बर को अंबेडकर ने संविधान की रूपरेखा गण-परिषद् में पेश की। संविधान की रूपरेखा में कुल 315 अनुच्छेद थे और 8 संयोजित तालिका थीं। सन् 1949 की 26 नवम्बर को अंबेडकर द्वारा रचित संविधान पास हो गया। आधुनिक मनु ने स्वतन्त्र भारत के स्वतन्त्र लोगों के लिए नए रूप में अपने संहिता की सृष्टि की। मनु का उद्देश्य था—ब्राह्मणवाद की प्रतिष्ठा और अंबेडकर का लक्ष्य था—सामाजिक असमानता दूर करके, दलित-निर्यातित लोगों के मानवाधिकार की प्रतिष्ठा करना।

भारतीय संविधान के संस्थापक

बहुत से लोग अंबेडकर को भारत के संविधान का जनक या संस्थापक कहते हैं लेकिन सच तो यह है कि संविधान की प्रकृति पूरी तरह राष्ट्र के वर्ग-चरित्र पर निर्भर करती है। राष्ट्र का कर्णधार थी कांग्रेस! अंबेडकर आजीवन कांग्रेस के कट्टर विरोधी थे। जाहिर है, उनकी चिन्ता-धारा, सोच-विचार संविधान में पूरी-पूरी तरह प्रतिफलित नहीं हुई। यह सम्भव भी नहीं था। सन् 1953 की 2 सितम्बर को आन्ध्र प्रदेश राज्य बिल के बारे में, राज्यसभा में बहस के दौरान, गृहमन्त्री कैलाशनाथ काटजू ने जब अंबेडकर की बहस के जवाब में कहा, 'संविधान तो आपने ही तैयार किया था' उसके जवाब में अंबेडकर ने कहा था, **'संविधान तैयार करने में, मैं महज पेशेवर किराए का लेखक मात्र था। मुझसे जो करने को कहा गया, मैंने अपनी इच्छा के विरुद्ध वही किया...मैं ही वह पहला आदमी हूँ, जो इस संविधान को जलाकर खाक कर देना चाहता है।'** लेकिन, यह बात सच है कि उन पर लादे गए उद्देश्य और धारणाओं को, उन्होंने जिस तरह संविधान का रूप दिया था और इस बारे में विभिन्न बहस-मुबाहसों में उन्होंने जैसे सारगर्भित और ओजस्वी वक्तव्य दिए थे और इसे साधारण भाव से ग्रहणयोग्य बनाया था, वह बेजोड़ और अतुलनीय था। इस बारे में गण-परिषद् के सदस्य डॉ. पंजाब राव देशमुख ने अपना मन्तव्य दिया था—'अंबेडकर को अगर मौका मिला होता, तो संविधान का चरित्र, पूरी तरह भिन्न होता।' यह मन्तव्य विशेष अर्थपूर्ण था। लेकिन, अंबेडकर अपने प्राणों की आकांक्षा और कांग्रेस के श्रेणी-स्वार्थ में बिना कोई रुकावट खड़ी किए, जहाँ तक और जितना हो सका उन्होंने संविधान को जोड़कर एकत्र किया है।

समूचे संविधान की जो विशाल स्थापना थी, पहले-पहल उन्होंने प्रवाद पुरुष की दक्षता और पाण्डित्य के साथ पूरा किया, बाद में गण-परिषद् और तत्कालीन राजनैतिक सत्ताधारियों की इच्छा-अनिच्छा मुताबिक, उसका ग्रहण और वर्जन हुआ लेकिन उस दिन भारतवर्ष इस अकेले इन्सान के पाण्डित्य पर विस्मय-विमुग्ध हो गया था।

इसके अलावा संविधान की सीमाबद्धता के बारे में सन् 1949 की 26 नवम्बर को अंबेडकर ने जो कहा था, वह भी द्रष्टव्य है :

डॉक्टर अंबेडकर ने गहन-गम्भीर आवाज़ में सावधान किया था, "On January 26, 1950, we are going to enter a life of contradictions. In politics we will have equality...and in social and economic life, we will have inequality. We must remove this contradiction at the earliest moment, or else those who suffer from inequality will below up the structure of political democracy which this assembly has so laboriously built up."

(1950 की 26 जनवरी को हम सब परस्पर विरोधी जीवन में प्रवेश कर रहे हैं। राजनैतिक क्षेत्र में हम में समता विद्यमान रहेगी...और सामाजिक तथा अर्थनैतिक क्षेत्र में असमता रहेगी। अगर जल्द-से-जल्द हमें इस परस्पर-विरोधता को दूर करना होगा, वर्ना जो लोग इस असमता के शिकार होंगे, वे लोग, इस संसद द्वारा इतनी मेहनत से तैयार किए गए राजनैतिक गणतन्त्र के ढाँचे को उड़ा देंगे।)

राजनैतिक गणतन्त्र प्रतिष्ठित हुआ; अब सामाजिक और अर्थनैतिक गणतन्त्र का समय आनेवाला है—जिन्होंने यह कहा; जिनका यह सपना था, वे पाँच सालों के अन्दर-अन्दर मोहमुक्त हो गए। उन्होंने घोषणा की, संविधान शैतानों के हाथ में चला गया है, उन्हीं लोगों ने संसद पर भी दख़ल जमा लिया है। लेकिन, वे अपने आदर्श के धरातल से हट गए।

किसी समय जिन्होंने यह सोचा था कि देश गणतन्त्र के लिए प्रस्तुत नहीं है। गणतन्त्र प्रवर्तन से पहले, कुछ दिनों के लिए यहाँ 'वेनीवोलेण्ट ऑटोक्रैट' का शासन होना चाहिए। उन्होंने ही दुविधाहीन लहजे में घोषणा की कि पार्लियामेण्टरी गणतन्त्र ही हमारी ज़रूरतें मिटा सकता है। लेकिन इसके साथ ही 'राष्ट्रीय समाज-तन्त्र' भी ज़रूरी है,—उनकी यह धारणा, निश्चित रूप से सोवियत यूनियन का अवदान है। उन्होंने मूल और भारी उद्योगों की मिल्कियत भी राष्ट्र के हाथों में सौंपना चाहा था। उन्होंने लिखा है—

'बीमा उद्योग राष्ट्र के एकछत्र अधिकार में रहेगा। कृषि भी राष्ट्र के अधीन रहेगी। राष्ट्र ही ज़मीनों का मालिक होगा और धर्म, वर्ण भेद से ऊपर उठकर, ग्रामवासियों को इनका इजारा देना होगा। यह काम इस तरीके से किया जाएगा कि वहाँ कोई जमींदार नहीं होगा।' वामपन्थी लोग भी तो यही सपना देखते थे और आज भी देखते हैं।

इस प्रसंग में एक और बात भी उल्लेखनीय है : संविधान के प्रणेता होने के बावजूद, अंबेडकर ने धारा 356 का प्रयोग करके, राज्य सरकार का हमेशा विरोध किया। उनकी राय में, यह संविधान की कमजोरी को ही इस्तेमाल करने की बेईमान कोशिश है।

नेहरू मन्त्री-सभा में अंबेडकर

स्वतन्त्र भारत में नेहरू मन्त्री-सभा में शामिल होने के बाद, अंबेडकर पर जो पहली जिम्मेदारी सौंपी गई, वह थी—संविधान तैयार करने की। उन्होंने यह जिम्मेदारी बखूबी निभाई और अपनी विरल प्रतिभा का परिचय दिया।

इसीलिए तो गण-परिषद् के सभापति ने सच ही कहा था—'हम लोगों ने भारत के योग्यतम व्यक्ति के हाथों में ही अपने भावी संविधान-रचना का दायित्व सौंपा था।'

लेकिन, भारत का यह योग्यतम व्यक्ति, ज़्यादा दिनों तक नेहरू सभा में नहीं टिक पाया। अपने द्वन्द्वक्षेत्र तफसीली लोगों के प्रति नेहरू मन्त्री सभा में विरुद्ध मनोभाव था। यह विरोध, हिन्दू कोड बिल संसद में पास करने के दौरान बिल्कुल खुलकर सामने आ गया।

प्रचलित समाज व्यवस्था में वंचित नारियों को ध्यान में रखकर, अंबेडकर ने इस बिल की नई रूपरेखा तैयार की, ख़ासकर संयुक्त परिवार के हानिकारक पक्षों, लड़कियों का सम्पत्ति में अधिकार, विवाह-विच्छेद का अधिकार, नारी की व्यक्ति-स्वाधीनता, समानाधिकार के मुद्दे भी, इस बिल में शामिल किए।

सन् 1947 की 11 अप्रैल को अंबेडकर ने केन्द्रीय कानून परिषद् में यह बिल पेश किया। प्रधानमन्त्री ने काफी जोश और दृढ़ता से इस बिल के पक्ष में राय जाहिर की। सन् 1948 की 9 अप्रैल को यह बिल 'सेलेक्ट कमिटी' को भेजा गया। सन् 1948 की 12 अगस्त को रिपोर्ट मिल गयी। सन् 1949 की फरवरी में बिल पर बहस शुरू हुई। हिन्दुओं का प्रगतिशील तबका भी इस बिल के समर्थन में कम-से-कम शुरू-शुरू में शामिल था। लेकिन कानून-परिषद् के सभापति राजेन्द्र प्रसाद, सरदार बल्लभभाई पटेल और सिक्ख नेता हुकुम सिंह वगैरह ने इस बिल का प्रबल विरोध किया। केन्द्रीय मन्त्रि-परिषद् के अन्यतम सदस्य डॉ. श्यामा प्रसाद मुखर्जी ने इस बिल का विरोध करते हुए मन्तव्य दिया कि महिलाओं को अगर ये अधिकार दिए गए, तो हिन्दू धर्म में पति-पत्नी के बीच जो अटूट और शानदार महान् रिश्ता है, वह तहस-नहस हो जाएगा। पण्डित मदनमोहन मालवीय समेत अनेक विशिष्ट सदस्यों ने इसी तरह के ख़्याल जाहिर किए। सिर्फ पण्डित कैलाशनाथ काटजू, एन.सी. गाडगिल और महिला सदस्यों ने इस बिल का समर्थन किया। उसके बाद, प्रधानमन्त्री ने अंबेडकर से अनुरोध किया कि यह बिल वे वापस ले लें। सात दिनों के बहस-मुबाहसों के बाद क्षुब्ध अंबेडकर ने टूटे दिल से वह बिल वापस ले लिया और पद त्याग की इच्छा जाहिर की।

सन् 1951 की 27 दिसम्बर को पद त्याग पेश कर दिया। पद त्याग की वजह थी : (1) हिन्दू कोड बिल पास कराने के मामले में नेहरू की कमजोरी (2) सभी तरह की केबिनेट कमिटी से अंबेडकर को बाहर रखना (3) तफसीली विकास में विपरीत मनोभाव (4) कश्मीर के मामले में मतभेद (5) विदेश नीति में मतभेद। 10 अक्तूबर को उनका इस्तीफा मंजूर हो गया और 11-12 अक्तूबर के अखबार में यह खबर प्रकाशित हो गई।

बौद्ध धर्म ग्रहण

अंबेडकर दुनिया भर के जन समुद्र का मंथन करके, अपने देश लौटे थे, लेकिन उनका मन-प्राण, भारत की अनुशासित, निर्मम निर्यातन से दलित मानव आत्मा की

मुक्ति के लिए आकुल-व्याकुल रहता था इसलिए वे निरन्तर दलितों के लिए मुक्ति-पथ की खोज में लगे रहे। वे हर पल उन उपायों के आविष्कार में लगे रहे कि किस तरह से हज़ारों-हज़ारों साल से जमा हुए अँधेरे की चट्टान को हटाया जाए।

यह हक़ीक़त वे बखूबी समझ गए थे कि अर्थनैतिक मुक्ति और राजनैतिक अधिकार प्राप्त किए बिना, समाज-शोषण बन्द नहीं हो सकता। यह समाज-शोषण चेतना और खून में कहीं बेहद गहरे पैठ चुका है, इसीलिए वे एक ईश्वरहीन मानवीय धर्म की तलाश कर रहे थे। इस दृष्टि से बौद्धधर्म भारतीय मानस में परम्परा से, अपने ऐश्वर्यशाली रूप में पनपता रहा है। बौद्ध किसी ईश्वर को नहीं मानते। उनके धर्म में वर्ण-भेद भी नहीं है। इसलिए, आखिर में वे बुद्ध की शरण में नतमस्तक हो गए। लेकिन, बौद्ध धर्म में भी जन्मान्तर की बात कही गई है। वहाँ नारियों के लिए यथार्थ स्थान नहीं है। यह सवाल भी उठता है कि संन्यास ही अगर मुक्ति की राह है, तो समाज का क्या होगा? इन सैकड़ों सवालों से उन्होंने बौद्ध धर्म में भी नवीनता लाने की कोशिश की। अपनी पुस्तक, 'बुद्ध एण्ड धम्म' में उन्होंने अपने प्रस्ताव और सुझावों की तर्क सहित विवेचना की है। उन्होंने अनगिनत सवाल भी उठाए हैं इसके बावजूद वे धर्मान्तरित हुए और उन्होंने बौद्ध धर्म को स्वीकार किया। अंबेडकर के साथ-साथ (1956 की 28-30 अक्तूबर) प्रायः तीन लाख दलित लोगों ने बौद्ध धर्म क़बूल किया था।

उनके इस धर्मान्तर को लेकर कई-कई लोगों ने जी खोलकर प्रशंसा की, कुछ लोगों ने जमकर आलोचना भी की। ख़ैर यह कोई बड़ी बात नहीं। उनका ख़्याल था कि भारतीय विन्यास में यह धर्मान्तर, दलित लोगों को, इन्सान की मर्यादा देगा। इसी विश्वास के साथ उन्होंने धर्मान्तर का फैसला किया, जो हिन्दू धर्म के निष्ठुर दायरे में असम्भव था।

सन् 1956 की 15 नवम्बर को उन्होंने सपत्नीक काठमाण्डू के चौथे विश्वधर्म सम्मेलन में भाग लिया। वहाँ उन्होंने बुद्ध और कार्ल मार्क्स से जुड़ा एक मूल्यवान रिसर्च-लेख पढ़ा। यही उनके जीवन का आखिरी महत्त्वपूर्ण कार्य था। उस निबन्ध में उन्होंने अपने मौलिक विश्लेषण समेत दोनों मतवाद को प्रस्तुत किया हालाँकि बुद्ध के प्रति उनका मानस-पक्षपात ज़रूर है, इसके बावजूद, वह विश्लेषण हमें गहन चिन्तन के लिए विवश करता है। हमारे अन्दर नए विचारों के उद्रेक में सहायक है।

चतुर्थ खंड

उपसंहार

अन्तिम समय

ज़िन्दगी का नियम ही यह है कि हज़ारों कार्य-व्यस्तता के बावजूद, उसे विदा लेनी पड़ती है। अंबेडकर का संघर्ष और दलितों की मुक्ति-साधना में निमग्न जीवन, उन्हें हर वक्त व्यस्त रखता था। वे हर पल दलितों की फिक्र में डूबे रहते थे।

असल में उनकी शारीरिक शक्ति टूटने लगी थी। अब वे अकेले-अकेले चल-फिर भी नहीं सकते थे। अपने आखिरी वक्त में वे, अपनी पत्नी से ज़्यादा, अपने व्यक्तिगत सहयोगी, रन्तु पर निर्भर हो गए थे। एक दिन उन्होंने रन्तु से कहा, 'तुम मेरे लोगों को मेरा सन्देश देना। राह की बाधाएँ लगातार अतिक्रमण करके, मैं वंचित समाज के मुक्ति-रथ को, इतनी दूर तक लाने में सक्षम रहा। इसके बाद भी, राह में सैकड़ों बाधाएँ आएँगी। उन्हें पार करके इस मुक्ति-रथ को आगे तक बढ़ाए लिए जाना होगा। अगर मेरे अनुगामी ऐसा न कर पाए, तो यह मुक्ति-रथ जहाँ खड़ा है, वहीं उसे सुरक्षित रखें। किसी भी स्थिति में उसे पीछे न मुड़ने दें।'

यही सपना लिए-दिए सन् 1956 की 6 दिसम्बर को अंबेडकर ने आखिरी साँस ली। भारत के एक महान् राष्ट्रनेता और भारतीय इतिहास के एक युग-पुरुष ने विदा ली। लाखों-करोड़ों इन्सानों की घोर उदासी और अपने न होने का दर्द सौंपकर, वे चले गए।

चर्चा और प्रासंगिकता

इतिहास का कालप्रवाह एक सुदीर्घ यात्रा-पथ है। इसका हर पल, नित-नवीन है। इस दृष्टि से, भारत में अंबेडकर की चर्चा-परिचर्चा का इतिहास, क्रान्ति काल का इतिहास है। यह उनका जन्मशती वर्ष है। स्वाधीनता के परवर्ती दशकों में अंबेडकर को जान-बूझकर भुला देने की कोशिश की जा रही थी और दूसरी तरफ, देश के दस फीसद लोगों की स्वार्थ-रक्षा करनेवाले चन्द नेताओं को खींचकर, राष्ट्रनेता के तौर पर प्रतिष्ठित करने की कोशिश की जा रही थी। लेकिन इस सच्चाई से सभी अवगत हैं कि डॉ. अंबेडकर भारतीय संविधान के प्रमुख रूपकार थे। समकालीन दुनिया के

अन्यतम, श्रेष्ठ प्रज्ञा-पुरुष! इसके बावजूद, इस प्रतिभावान, विरल वैशिष्ट्य के संग्रामी विभूति को, प्रचार के उजाले में आते-आते लगभग सौ साल इन्तज़ार करना पड़ा, क्योंकि उन्होंने भारतीय समाज के सबसे निचले तबके में जन्म लिया था। वे अस्पृश्य महार जाति के इन्सान थे। अपने शतवार्षिकी पर उन्हें 'भारत-रत्न' की उपाधि प्राप्त हुई। उस वक्त श्री वी.पी. सिंह देश के प्रधानमन्त्री थे। जिन्हें मण्डल कमीशन सिफारिशें कार्यान्वित करने के 'अपराध' में प्रधानमन्त्री का पद खोना पड़ा! उन दिनों भारतवर्ष मण्डल-मस्जिद के कुतर्क के परिवेश में ऊब-डूब रहा था। भयंकर हड़कम्प मचा हुआ था। उन सबके बीच, भारतीय राजनीति और समाजनीति की पृष्ठभूमि में, अंबेडकर नामक इस शख्स की रूपरेखा साफ-साफ झलक उठी। हालाँकि उन दिनों बहस-मुबाहसों का बाज़ार गर्म था।

जिनका नाम लिखते हुए इतिहास के विद्वानों की कलम की स्याही ख़त्म हो जाती है, जन-मानस के अन्तर में उनका आविर्भाव दिनोंदिन गहरा और व्यापक होता गया। समस्त भारत के लगभग अस्सी फ़ीसद लोग, अपने अनजाने में ही अंबेडकर को दलितों के बन्धु के तौर पर क़बूल करने लगे हैं। वैसे इस बारे में विरोधी प्रतिक्रिया ने भी सिर उठाया है। इन्सानों का एक गिरोह उनके विरोध में भी उतर आया है। दूसरा दल उनकी अंधी पूजा करने को तत्पर है। अनगिनत लोगों ने उनके चरित्र-हनन की कोशिश की। इस सबके बावजूद अंबेडकर भारत के चप्पे-चप्पे में, नगर-प्रान्तों में मानो दलित वर्ग की प्रतीक-पताका होकर लहराने लगे हैं। अंबेडकर को वे लोग स्वीकार करें या न करें, जैसे-जैसे दिन गुज़रते जा रहे हैं, इच्छा या अनिच्छा से, उनकी चर्चा करने को लोग विवश हैं, क्योंकि जिन इन्सानों ने उन्हें अपना जाना-माना है, उन लोगों के अपने बनने के लिए, अंबेडकर की परिक्रमा करने के अलावा और कोई राह नहीं है।

हर काम की एकाध विपरीत प्रतिक्रिया भी ज़रूर होती है। इसीलिए जब लोगों के दिलों में बसी, अंबेडकर की मूर्ति को विपरीत प्रतिक्रियावादी लोग चकनाचूर नहीं कर पाए, तो जगह-जगह उनकी संगमरमर की मूर्ति को ही तोड़-फोड़ रहे हैं, ख़ैर, उनकी मूर्ति जितनी-जितनी तोड़ी जा रही हैं, उतनी ही संख्या में उनकी मूर्ति प्रतिष्ठित भी हो रही हैं। यह बिल्कुल अनोखा बीजगणित है। इसीलिए भारत में जिस इन्सान की सबसे ज़्यादा मूर्तियाँ विराजमान हैं, वे हैं अंबेडकर! हज़ारहा सीमाओं और बन्दिशों के बावजूद, अंबेडकर ने क्यों और कैसे भारतीय जनजीवन में इतनी विराट जगह बना ली, यह हमें सोचना और समझना चाहिए।

अनन्यता

शुरू में ही, हमें यह ध्यान रखना होगा कि अंबेडकर की मृत्यु के बाद, कई दशक गुज़र गए। आज हम भारत के राजनैतिक, सामाजिक, अर्थनैतिक क्षेत्र में, संक्रान्ति-काल

से गुज़र रहे हैं, यह बेहद मुश्किल वक्त है। इस समय की सबसे बड़ी माँग है—साम्प्रदायिक सहृदयता और सामाजिक न्याय-विचार! भारतीय समाज की समाजतान्त्रिक व्यवस्था इतनी जटिल और गम्भीर है कि पश्चिम के किसी भी देश या समाज से उसकी सीधे-सीधे तुलना नहीं की जा सकती। वर्ग-विभाजन यहाँ वर्ण-विभाजन की आड़ में, चट्टान जैसी अटल, ख़ौफनाक व्यवस्था है। समाज का यह कीचड़ साफ करने के लिए, जो-जो समाज-सुधारक यहाँ आए, वे सबके सब उस दर्द की आग में जलते हुए, कुछ करने को प्रयत्नशील हुए, ऐसी बात नहीं थी। राममोहन, विद्यासागर, रवीन्द्रनाथ—इन लोगों ने मानव-महत्त्व की राह पर, अपनी चेतना का दीपक जलाया...आगे बढ़े! वे सिर्फ बनी-बनाई राह पर ही नहीं चले। राहें भी खुद तैयार कीं। लेकिन अंबेडकर, दरअसल, उसी दलित-निर्यातित इन्सानों में से ही एक थे, जो आगे बढ़े और संघर्ष के लिए फिर सिर उठाकर खड़े हो गए। रवीन्द्रनाथ की उस कविता की तरह—'किसान के जीवन में शरीक है जो जन, कर्म और वाणी से सच ही की आत्मीयता अर्जन।' यह इन्सान भी उसी तरह का संग्रामी इन्सान है! जुझारू और संघर्षशील!

लेकिन उनमें जो विद्रोही भारत आत्मा बोलती थी, उसकी तलाश के लिए हमें उनके व्यक्तिगत दर्द और सामाजिक लांछना की व्यथा-कथा में झाँकना होगा। यह बात सभी जानते हैं कि बचपन ही में उन्होंने माँ को खो दिया! चूँकि वे अछूत थे, इसलिए स्कूल में क़दम-क़दम पर उन्हें घृणा और लांछना झेलनी पड़ी। प्यासा, जलहीन, मानवीय सहानुभूतिहीन। छात्र जीवन में स्कूल से लेकर, कॉलेज तक, वे हर स्तर पर जुल्म के शिकार रहे। स्कूल में उन्हें समान आसन पर, साथ-साथ बैठने की मनाही थी, संस्कृत की पढ़ाई से उन्हें वंचित रखा गया, कॉलेज-लाइब्रेरी के दरवाजे उनके लिए बन्द थे। उनके चारों तरफ अनगिनत तन्त्र-मन्त्र की प्राचीर खड़ी कर दी गई थी। बाद में जब वे विदेश गए, वहाँ उन्हें ज़िन्दगी में पहली बार उनके इन्सान होने की स्वीकृति मिली। वहाँ भारतीय समाज व्यवस्था, वर्ण भेद का भयंकर दानव, उनकी तरफ अपने हिंस्र नाखून बढ़ाए, उन्हें दौड़ाता नहीं था। किसी भी इन्सान को अगर अपने जायज, आम अधिकार पाने के लिए, इन्सानी स्वीकृति के लिए, अगर देश छोड़ना पड़े, तो उस देश, उस समाज के प्रति उससे कैसी मानसिकता की उम्मीद की जा सकती थी? इसी अभिमान, इसी क्षोभ ने उन्हें चिर-विद्रोही बना दिया था। देश के जिन उच्च वर्ण नेताओं ने समाज की वर्ण-आधारित भयंकर विषमता को स्वीकार कर लिया था और उस विषय को नज़रअन्दाज करके अन्यान्य मुद्दों पर आन्दोलन छेड़ने की बात करते थे, उनके प्रति अंबेडकर के मन में जो गहरी वितृष्णा का मनोभाव पनपने लगा था, उसे बिल्कुल बेतुका या अन्यायपूर्ण कहकर उड़ाया नहीं जा सकता।

थोड़ी-सी आत्मसमालोचना

जिस देश में मजदूरों को कामकाज देने के लिए, उनकी जात-पाँत की जाँच-परख की जाए, जिस देश में शूद्रों को बुनाई विभाग में काम नहीं दिया जाता था, उस देश में मजदूरों की एकता आखिर निर्मित कैसे हो? मजदूर एकजुट कैसे हो? खासकर, जब देश के विभिन्न ट्रेड-यूनियन, इस अन्याय, बेईमानी के विरुद्ध जबर्दस्त आन्दोलन न छेड़ें, तो वे सब एकबद्ध कैसे हो पाते? अफ्रीका के वर्ण-भेद के खिलाफ जो संघर्षरत हैं, उनके लिए हम कविता लिखते हैं; उनके नेता जब श्वेतांगों के साथ अधिकार में हिस्सा-बाँट करते हैं और इसके लिए उन्हें, 'नोबेल पुरस्कार' मिलता है; हम उसे 'नोबेल-कार्य' क़बूल करते हैं। जब वे नेता इस देश में आते हैं, रंग-बिरंगे पताका लेकर, हम उनका राष्ट्रीय अभिनन्दन करते हैं; वास्तविक परिस्थिति की चर्चा करते हुए उनके नयनीय मनोभाव का भी समर्थन करते हैं। हम यह सब ठीक ही करते हैं, लेकिन अंबेडकर को उनकी जगह और उनकी परिस्थिति में रखकर विचार करते हुए, हमारे किसी कमजोर कोने में वर्णवाद सिर उठाने लगता है! वैज्ञानिक विश्लेषण के तमाम तर्क, संस्कारों के सुप्त प्रवाह में भीगकर सर्द हो आते हैं। उस विश्लेषण में फूल की जगह काँटे उग आते हैं। हम सबको अपने अन्दर यह आत्म-समीक्षा करना होगी।

समकाल की पुकार

आज भारत के संविधान में मंजूरशुदा तमाम नागरिक अधिकार, अब धीरे-धीरे सिमटने वाले हैं। वर्ग को अग्रसर प्रवाह के साथ जोड़ने के लिए, दी गई तमाम सुविधाएँ और मौकों के प्रति अनास्था व्यक्त करने के लिए तरह-तरह के पाण्डित्यपूर्ण तर्क गढ़े जाते हैं। अंबेडकर जैसे प्रगाढ़ पाण्डित्य के साथ, ज़ोरदार तर्कों से, उन्हें खण्डित करने जैसे दलित-बन्धु प्रज्ञा का आज सर्वथा अभाव है। लेकिन अब दलित इन्सानों में व्यापक जागरूकता आने लगी है। मुमकिन ये लोग, हर क्षेत्र में, इसके विरुद्ध तर्कों के जाल न बिछा पाएँ, लेंकिन इन कूटनीतिक चालों की आड़ में, जो लोग ब्राह्मणवादी ताक़तों की सेवा में जुटे हैं। इनमें से अधिकांश लोग, उन चेहरों को पहचान गए हैं

यहाँ तक कि इस मामले में अंबेडकर के बारे में चर्चा-परिचर्चा करनेवाले, अब सिर्फ तफसीली सम्प्रदाय तक ही सीमाबद्ध नहीं हैं। गैर-तफसीली देश-प्रेमी बेहद उदार और मुक्त मन से अंबेडकर की व्याख्या और विश्लेषण में, उनकी प्रशंसा में पंचमुख हैं। इस शुभ-प्रवणता से, वर्षों से उनके अंधभक्त, अंबेडकर की एकछत्र पूजा में व्याघात महसूस करने लगे हैं। जाहिर है, ऐसे लोग खुश होने के बजाय एक किस्म की कट्टर मानसिकता का शिकार हो रहे हैं।

इन दोनों अतिशयता के बीच यानी जो लोग समाज विकास में, दलित और दरिद्र लोगों की वर्ग-एकता चाहते हैं, उन लोगों ने इस बात पर ज़रूर गौर किया होगा कि अंबेडकर जब वायसराय के श्रमसचिव थे, उस वक्त उन्हीं की कोशिश और उद्योग से, कई-कई श्रमिक-कल्याणकारी फैसले मंजूर किए गए। जिसका प्रभाव समूचे देश में सुदूरगामी साबित हुआ। इसके अलावा अंबेडकर ने जिन कारणों से नेहरू मन्त्री-सभा से इस्तीफा दिया था, उसका प्रमुख प्रसंग था—हिन्दू कोड बिल वापस लेना! यह बिल नारी अधिकार, विवाह, संयुक्त परिवार-व्यवस्था की दृष्टि से बेहद प्रगतिशील था। वर्तमान प्रगतिशील और वामपन्थी लोग आज भी जिस कार्य में लगे हुए हैं, अंबेडकर ने यह काम पचास के दशक में करने की पहल की थी।

इसलिए वर्तमान राजनीति के संकटमय दौर में हमें निपीड़ित इन्सानों के प्रति दर्दमन्द मन और सही गणतान्त्रिक बोध के नजरिये से, प्रगतिशील, गणतांत्रिक, सामन्त-विरोधी संग्राम के महान् योद्धा अंबेडकर को सादर ग्रहण करने की ज़रूरत है, जिसका भारतीय समाज में आज भी बेहद अभाव है। यहाँ यह बात उल्लेखनीय है कि इस महामानव ने अपनी समूची ज़िन्दगी के काँटे भरी राह की परिक्रमा करते हुए सन् 1956 की 6 दिसम्बर को आखिरी साँस ली। इसी 6 दिसम्बर (1992) को बाबरी मस्जिद की गुम्बद तोड़ गिराई गई। इस घटना के साथ ही भारत के शुभबुद्धि सम्पन्न, धर्मनिरपेक्ष और गणतान्त्रिक इन्सानों का सिर शर्म से झुक गया।

भारत के तफसीली, आदिवासी और दरिद्र मुसलमान या अन्यान्य धर्मों के लोग अपने सुख-दुःख, श्रम और मुसीबत में एक-दूसरे के साथ मिलजुलकर ज़िन्दगी बसर करते हैं। उन लोगों को धर्म के नाम पर, वर्ण के नाम पर बाँटने की भयंकर साजिश शुरू हो गई है, इसी के परिणाम हैं—नागपुर, आरवाल, जहानाबाद! इन सब घटनाओं का सही-सही प्रतिवाद कर सकें, रवीन्द्रनाथ के ऐसे वारिसों का आज काफी अभाव है। दलित बन्धु की प्रज्ञा का बेतरह अकाल पड़ा है।

भूमण्डलीकरण के नाम पर अपनी स्वार्थपरता का जाल बिछाने, सर्वस्व लूट-मार के इस संकुचित मानवतावाद के दिनों में, अंबेडकर हमारे लिए दलितों के अधिकार का नया संदेश लेकर आए थे। इस मामले में हमें भारत के उल्लेखयोग्य राज्यों के प्रति विशेष ध्यान देना होगा। हमें यह पता करना होगा कि रवीन्द्रनाथ के उपेन को अपनी दो बीघे ज़मीन न सही, दो कठ्ठे ज़मीन वापस मिल गई। हमें देखना होगा कि वहाँ शरतचन्द्र का निःस्व गफूर को, सामन्ती अत्याचार से जान बचाने के लिए, रात के अँधेरे में, बेटी का हाथ पकड़े-पकड़े, गाँव छोड़कर, अनजान दिशा की तरफ चल देने की ज़रूरत तो नहीं पड़ती। हमें यह देखना होगा कि किस राज्य में देशी-विदेशी मदद-पुष्ट, किराए के संत्रासवादियों के आक्रमण करने पर, आदिवासी तफसीली और गैर-तफसीली श्रमजीवी इन्सान, सीना तानकर खड़े हो जाते हैं। कहाँ वर्गाआपरेशन और भूमि-संस्कार, दलित जनता के पैरों तले ज़मीन देता है। कहाँ

औरतों और दलितों का दीर्घ प्रतीक्षित अधिकार पंचायत प्रतिष्ठित करता है।

यह सच है कि संरक्षण के सवाल पर, अंबेडकर ने जो चाहा था, भारत के किसी भी राज्य में वह पूरी तरह सफल नहीं हुआ; इसके बावजूद त्रिपुरा, पश्चिम बंग समेत दक्षिण भारत के तमाम राज्यों के दलित लोग पूरे आत्मविश्वास के साथ नए तरीके से संगठित हो रहे हैं। श्रमजीवी दलित और दरिद्र लोगों की यह महान् एकता ही भारतवर्ष का भविष्य है। अंबेडकर का सपना इस आलोकित राह के जरिए ही साकार होगा। उन्हें देवता बनाकर उनकी पूजा करने से उनका यह सपना सच नहीं होगा। महामनीषी अंबेडकर के अकृत्रिम देश प्रेम, निपीड़ित इन्सानों के लिए उनके जीवनोत्सर्ग से हम सबको शिक्षा लेनी होगी। उनके अमूल्य अजस्र रचना संसार से प्रेरणा लेनी होगी। युग और समय की माँग के मुताबिक हमें सचेतन, आधुनिक और वैज्ञानिक मानसिकता के साथ, उन्हें ग्रहण करना होगा। तभी हम सब इस महान् प्रतिभा से भारत क्रान्ति का वह आलोक प्राप्त कर सकेंगे, जिसे हमें अपनी आगामी पीढ़ी तक पहुँचाना है। अंबेडकर के प्रति यही हमारी श्रेष्ठ श्रद्धांजलि होगी; यही उनका सही-सही मूल्यांकन होगा।

परिशिष्ट-1

अंबेडकर का संक्षिप्त जीवन परिचय

1891 : ❑ 14 अप्रैल—पिता सूबेदार रामजी शक्पाल के कर्मस्थल, मध्य भारत के 'मिलिटरी हेड क्वार्टर ऑफ यर' संक्षिप्त नाम—मऊ। यहीं एक फौजी शिविर में डॉ. भीमराव रामजी अंबेडकर का जन्म। माता—भीमाबाई। माता-पिता की चौदहवीं और आखिरी सन्तान! जीवित सन्तानों में पाँचवीं सन्तान—भीम।

1893 : ❑ फौजी स्कूल के शिक्षक के पद से पिता का अवसर ग्रहण और मध्य भारत से दपोली गमन।

1896 : ❑ माता भीमाबाई की मृत्यु। दपोली के एक प्राइमरी स्कूल में भीम का आना-जाना शुरू। पिता जब दुबारा सतारा जिला के गोरेगाँव में 'पी. डब्ल्यू.डी' विभाग में बहाल हुए, पूरा परिवार सतारा में स्थानान्तरित हो गया। यहाँ भीम को दुबारा स्कूल में दाखिला दिलाया गया।

1898 : ❑ पिता का पुनर्विवाह (दूसरी माँ—जीजाबाई)।

1900 : ❑ 7 नवम्बर—भीमराव को गवर्नमेण्ट मिडल स्कूल में दाखिला दिलाया गया। (इन्हीं दिनों वे एक सहृदय ब्राह्मण शिक्षक के संसर्ग में आए, जो अंबेडकर से बेहद स्नेह करते थे। उन्होंने ही भीम की अम्बावादेकर उपाधि बदलकर अंबेडकर कर दिया।)

1901 : ❑ सपरिवार सतारा से बम्बई स्थानान्तरण। वहाँ, पहले मराठा हाईस्कूल और बाद में बम्बई के एल्फिन्स्टन हाई स्कूल में दाखिला।

1906 : ❑ एप्रिल—पिता की इच्छा पर दपोली के वानंग के भीखू धूत्रे की बेटी रामी या रमाबाई से विवाह।

1907 : ❑ बम्बई विश्वविद्यालय के अधीन एल्फिन्स्टन हाई स्कूल से मैट्रिक पास किया।

1908 : ❑ 3 जनवरी—बम्बई में एल्फिन्स्टन कॉलेज में भर्ती।

1910 : ❑ इस कॉलेज से आई.ए. पास करके, बड़ौदा के महाराजा से भेंट और

शिक्षा के लिए पच्चीस रुपए महीने की छात्रवृत्ति प्राप्त करना।

1912 : ❑ पुत्र यशवन्त राव का जन्म। अर्थनीति और राजनीति विज्ञान विषय-समेत बम्बई यूनिवर्सिटी से बी.ए. पास।

1913 : ❑ 23 जनवरी–बड़ौदा में कुल 11 दिनों के लिए लेफ़्टिनेण्ट पद पर नौकरी।

❑ 2 फरवरी–पैंसठ साल की उम्र में पिता रामजी शकपाल का निधन।

❑ 20 जुलाई–बड़ौदा महाराजा, सयाजी राव गायकवाड़ द्वारा प्रदत्त छात्रवृत्ति लेकर, उच्च शिक्षा के लिए अमेरिका के कोलम्बिया विश्वविद्यालय में भर्ती।

❑ शिशु पुत्र रमेश की मृत्यु।

❑ अप्रैल–निपानी सम्मेलन के सूत्र से बी.एच. बैरेल के तत्वावधान में बेलगांव में निर्यातित छात्रों के लिए एक हॉस्टल की स्थापना।

1925 : ❑ 10 जून–बाट्ली ब्वाएज़ एकाउंटेन्सी ट्रेनिंग इन्स्टिट्यूट में वाणिज्यिक क़ानून विषयक, अंशकालिक प्रोफेसर के तौर पर शामिल और 31-03-1928 तक अध्यापन।

❑ 15 दिसम्बर–रॉयल कमीशन के सामने भारतीय मुद्रा-व्यवस्था पर वक्तव्य पेश।

❑ बम्बई विधान परिषद् का सदस्य मनोनीत।

1926 : ❑ 19 जुलाई–शिशु-पुत्र राजरत्न की मौत।

❑ 5 अगस्त–4.8.1923 के बोले प्रस्ताव मुताबिक महाद म्युनिसिपैलिटी में प्रस्ताव पेश।

❑ अक्तूबर–जस्टिस पार्टी द्वारा हिन्दू शास्त्र 'मनु स्मृति' जलाना।

❑ दिसम्बर–बम्बई विधान परिषद् में दुबारा सदस्य मनोनीत।

1927 : ❑ 19-20 मार्च–चौदा पोखर सत्याग्रह महाराष्ट्र के कोलाबा ज़िला में दो दिवसीय समावेश और सभा के बाद, दस हज़ार अनुगामियों का जुलूस लेकर, चौदा पोखर की ओर गमन और जलपान। यहीं जनता ने उन्हें 'बाबासाहब' नाम दिया।

❑ (21 मार्च–ब्राह्मण लोगों ने पवित्र जल का हज़ार पात्र, गोबर, दूध वगैरह समेत पूजा-अर्चन करके उस पोखर का पानी दुबारा पवित्र किया।)

❑ 3 अप्रैल–'बहिष्कृत भारत' नामक पाक्षिक पत्रिका का पुनः प्रकाशन।

❑ 8 जून–कोलम्बिया विश्वविद्यालय से पी-एच.डी. की डिग्री लाभ।

- जून–ठाकुरद्वार मन्दिर में चरम भाव से लांछित और अपमानित।
- 28 जून–बम्बई के लॉ जर्नल के सम्पादक मण्डली के सदस्य के तौर पर मनोनीत। अगस्त–1928 तक इस पद पर बहाल।
- 3 जुलाई–'बहिष्कृत हितकारिणी सभा' की तरफ से एक सम्मेलन में अस्पृश्य महारों के बारे में विचार-विमर्श।
- 27 जुलाई–बम्बई विश्वविद्यालय-बिल के प्रसंग में बम्बई क़ानून परिषद् में महत्त्वपूर्ण वक्तव्य।
- 4 अगस्त–महाद म्युनिसिपैलिटी की 1928 की 5 जनवरी का प्रस्ताव प्रत्याहार और चौदा पोखर का पानी। अछूतों के लिए पुनः निषिद्ध।
- 21 अगस्त–अमरावती के अम्बादेवी मन्दिर में अस्पृश्य लोगों का प्रवेश-प्रयास निरर्थक।
- 11 सितम्बर–दामोदर हाल में 'महाद सत्याग्रह समिति' का गठन।
- 15 सितम्बर–25-26 सितम्बर को चौदा पोखर पर सत्याग्रह से सम्बद्ध 'महाद सत्याग्रह समिति' का फैसला लेना।
- सितम्बर–सी.वी. खेर मोदी का डॉ. अंबेडकर को 'बाबासाहब' उपनाम देने में अभिमत ज्ञापन। (1930 से कार्यान्वित)
- 26 सितम्बर–पुणे के अहिल्या आश्रम के निर्यातित वर्ग के छात्र-सम्मेलन में भाषण।
- 10 अक्तूबर–भारत में खण्ड-खण्ड भूमि व्यवस्था के बारे में विधान परिषद् में वक्तव्य।
- 25 दिसम्बर–चौदा पोखर सत्याग्रह के दूसरे चरण में महाद सम्मेलन (4 बजे) शुरू। (यहाँ भी शाम को करीब 7 बजे 'मनु स्मृति' जलाई गई।)
- 26 दिसम्बर–सरकारी प्रतिनिधियों द्वारा आश्वासन दिए जाने पर सत्याग्रह आन्दोलन स्थगित।
- 27 दिसम्बर–चमार सम्प्रदाय की सभा में भाषण।
- 28 दिसम्बर–दलित नारी सभा में भाषण।

1928 :
- 3 फरवरी–ब्रिटिश भारत की विविध समस्याओं के बारे में जॉन साइमन के नेतृत्व में जो कमीशन गठित हुआ था, उनका बम्बई आगमन।
- 29 मई–कमीशन के सामने, 'बहिष्कृत हितकारिणी सभा' की तरफ से मांगपत्र पेश। शूद्रों को शिक्षा, नौकरी, राजनैतिक और सामाजिक

समस्या के बारे में असंख्य अभिमत ज्ञापन।

- 21 जून—बम्बई गनर्वमेण्ट कॉलेज के प्रोफेसर पद पर योगदान।
- 29 जून—निर्यातित वर्ग और वर्ण हिन्दुओं के बीच सामाजिक समता सृष्टि के लिए सम्पादक देवराव विष्णु नायक के साथ संयुक्त प्रयास से मासिक पत्रिका 'समता' का प्रकाशन।
- 28 जुलाई—नौकरी में कार्यरत महिलाओं को प्रसवकालीन छुट्टी के लिए विधान-सभा में वक्तव्य पेश।
- 3 अगस्त—निर्यातित मनुष्यों को 'महार वातान' दास प्रथा से मुक्ति देने के लिए, बम्बई विधान-परिषद् में एक महत्त्वपूर्ण बिल पेश।
- 5 अगस्त—साइमन कमीशन के कामकाज के लिए बम्बई प्रादेशिक कमिटी द्वारा निर्वाचित।
- 23 अक्तूबर—साइमन कमीशन के सामने अस्पृश्य लोगों के लिए स्वातन्त्र्योत्तर माँग पेश और बम्बई प्रादेशिक सभा में 12 सीटों की माँग।
- 28 अक्तूबर—बम्बई सरकार की तरफ से 'निर्यातित श्रेणी की छात्रावास योजना' पास और 5 छात्रावास खोलने की अनुमति दी गई।
- 5 नवम्बर—अस्पृश्य और आदिवासी उपजाति के लोगों के लिए शिक्षागत अर्थनैतिक और सामाजिक स्थितियों की समीक्षा और पर्यालोचना के लिए बम्बई सरकार के सदस्य पद पर मनोनयन! 1930 की मार्च के बीच रिपोर्ट पेश।

1929 :

- मार्च—सरकारी क़ानून कॉलेज के प्रोफेसर के पद से विदा।
- 13 अप्रैल—बड़ी बहन तुलसी की मृत्यु।
- 13 जून—महाद सत्याग्रह मामले में निर्यातित लोगों के पक्ष में अदालत की राय।
- 9 जुलाई—खुलना काली मन्दिर में अस्पृश्य लोगों द्वारा सत्याग्रह।
- सितम्बर—पुणे पार्वती मन्दिर में निर्यातित वर्ग के प्रवेशाधिकार के लिए सत्याग्रह कमिटी का गठन।
- 13 अक्तूबर—उक्त सत्याग्रह प्रारम्भ और अंबेडकर का समर्थन।
- 24 अक्तूबर—पूणे के कलक्टर द्वारा पार्वती मन्दिर में सभी जातियों के प्रवेशाधिकार की घोषणा।
- 15 नवम्बर—'बहिष्कृत भारत' पत्रिका के आखिरी अंक का प्रकाशन।
- 30 नवम्बर—'जनता' पाक्षिक पत्रिका का प्रकाशन आरम्भ।

1930 : ❑ 2 मार्च–नासिक के कलाराम मन्दिर में प्रवेशाधिकार के लिए बी.के. गायकवाड़ के नेतृत्व में सत्याग्रह आन्दोलन शुरू और इसको अंबेडकर का समर्थन।

❑ मई–साइमन कमीशन की रिपोर्ट पेश।

❑ 8 जुलाई–बम्बई यूनिवर्सिटी (संशोधन) बिल की सेलेक्ट कमिटी के सदस्य मनोनीत।

❑ 8-9 अगस्त–अंबेडकर के सभापतित्व में नागपुर में निर्यातित श्रेणी के सर्वभारतीय सम्मेलन सम्पन्न।

❑ 2 अक्तूबर–लन्दन में गोल मेज़ कॉन्फ्रेन्स से एक दिन पहले डॉ. पी. जी. सोलंकी के सभापतित्व में अंबेडकर का अभिनन्दन।

❑ 4 अक्तूबर–गोल मेज़ कॉन्फ्रेन्स में शामिल होने के लिए लन्दन गमन।

❑ दिसम्बर–लन्दन में (1) अछूतों को राजनैतिक अधिकार (2) अछूतों की फौज में नियुक्ति के आवेदन का स्मारक-पत्र पेश और उसकी 2000 प्रतियों का मुद्रण और वितरण।

1931 : ❑ 19 जनवरी–पहली गोल मेज़ बैठक समाप्त। बैठक में समस्त वक्ताओं में सर्वाधिक तार्किक और शक्तिशाली वक्ता के तौर पर स्वीकृति और इसके लिए बड़ौदा के महाराजा द्वारा अभिनन्दन!

❑ 13 फरवरी–लन्दन से भारत वापसी।

❑ 16 मार्च–एक देश प्रेमी के पक्ष में 'चिर्नर फायरिंग केस' पर सवाल। पुलिस विभाग में निर्यातित वर्ग के लोगों की नियुक्ति की निषेधाज्ञा खारिज।

❑ जुलाई–दूसरी गोल मेज़ बैठक के सदस्य मनोनीत।

❑ 14 अगस्त–मणि भवन में गाँधी जी से भेंट! दोनों लोगों में पहली गोल मेज़ बैठक के बारे में बातचीत। पिछड़ी जाति के लोगों, ख़ासकर अछूत लोगों के बारे में राय विनिमय। इस प्रसंग में हिन्दू धर्म, वर्णाश्रम प्रथा, गाँधीजी के 'हरिजन' आन्दोलन के बारे में विश्लेषण और वितर्क। अंबेडकर ने उदाहरण देकर कहा, महाद और नासिक के सत्याग्रह के समय, जिन लोगों ने अस्पृश्य लोगों पर बाद में हमला किया, उनके नेतृत्व में कांग्रेस थी। नासिक ज़िला कांग्रेस के सभापति, इस गुण्डेबाजी में सबसे आगे थे।

❑ 29 अगस्त–दूसरी गोल मेज़ बैठक में शामिल होने के लिए लन्दन पहुँचे। इसी दिन गाँधीजी की बम्बई से लन्दन यात्रा।

- 7 सितम्बर—दूसरी गोल मेज़ बैठक शुरू।
- 8 अक्तूबर—'माइनॉरिटीज पैक्ट' पर हस्ताक्षर।
- 5 नवम्बर—नासिक कलाराम मन्दिर सत्याग्रह पुनः शुरू।
- 10 नवम्बर—लन्दन स्कूल ऑफ इण्टरनेशनल एफेयर्स में भाषण।
- 21 नवम्बर—निर्यातित श्रेणी के नेता, केलापन्न के नेतृत्व में केरल में गुरु वयूर मन्दिर में प्रवेश आन्दोलन शुरू (यह आन्दोलन साल भर तक चला।)।
- 1 दिसम्बर—दूसरी गोल मेज़ बैठक मुल्तवी। यहाँ अंबेडकर द्वारा उठाई गई माँगें थीं—(1) जनसंख्या के अनुपात में आसन संरक्षण (2) पृथक चुनाव व्यवस्था (3) 'हरिजन' के बजाय 'अवर्ण हिन्दू' या 'प्रोटेस्टेंट' या 'नॉन कन्फर्मिस्ट हिन्दू' नाम का इस्तेमाल किया जाए।
- 5 दिसम्बर—गोल मेज़ बैठक समाप्त पुराने शिक्षक और दोस्तों से भेंट करने के लिए अंबेडकर का न्यूयार्क गमन।
- 27 दिसम्बर—लॉर्ड लोथियन के नेतृत्व में गठित भारतीय फ्रेंचाइज़ कमिटी के सदस्य मनोनीत।
- 28 दिसम्बर—गोल मेज़ बैठक के अन्त में गाँधीजी की बम्बई वापसी। निर्यातित श्रेणी के लोगों द्वारा गांधीजी के सामने काली पताका प्रदर्शन।
- 31 दिसम्बर—'रत्नगिरि ज़िला बहिष्कृत परिषद' के त्रिपलून समावेश में गाँधीजी के खिलाफ जन-गण के सामने चार्जशीट।

1932 :
- 4 जनवरी—अंबेडकर का न्यूयार्क से लन्दन आगमन। गाँधीजी और बल्लभभाई पटेल यरवदा जेल में क़ैद।
- 29 जनवरी—शौकत अली और फ्रेंचाइज़ कमिटी के अन्यान्य ब्रिटिश सदस्यों को लेकर बम्बई आगमन।
- फरवरी से अप्रैल—फ्रेंचाइज़ कमिटी के साथ बिहार, कलकत्ता, और अन्याय स्थानों में समीक्षा सफ़र।
- 14 अप्रैल—नासिक के कलाराम मन्दिर में प्रवेश। आन्दोलन तीसरे चरण में पहुँचने पर, दादा साहब गायकवाड़, अमृतराव रणथाम्बे को गिरफ़्तार किया गया। (अंबेडकर ने फैसला किया, मन्दिर में प्रवेश-आन्दोलन से, कहीं ज़्यादा महत्त्वपूर्ण है राजनैतिक आन्दोलन)।
- 1 मई—फ्रेंचाइज़ कमिटी से 'नोट ऑफ डिसेंट' प्रदान।
- 7-8 मई—मुनी स्वामी पिल्लई के नेतृत्व में निर्यातित श्रेणी का विराट

सर्वभारतीय सम्मेलन।

- 22 मई—ए.बी. लाथ के सभापतित्व में संगठित सभा में डॉ. अंबेडकर का जुलूस समेत योगदान। सभा में पृथक निर्वाचन क़ी माँग का समर्थन प्रस्ताव मंजूर।
- 24 मई—बेलगाँव में दीवान बहादुर लाथ के सभापतित्व में डॉ. अंबेडकर की एक दृढ़चित्त राष्ट्रवादी नेता के तौर पर परिचिति।
- 7 जून—लन्दन गमन और ब्रिटिश प्रधानमन्त्री को स्मारक-पत्र पेश।
- जून-जुलाई—ड्रेसडेन में डॉ. भोलर के सभापतित्व में जर्मन स्वास्थ्य निवास में प्रायः एक महीने व्यतीत किया।
- 4 अगस्त—ब्रिटिश सरकार की तरफ से निर्यातित वर्ग की पृथक निर्वाचक मण्डली की घोषणा।
- 17 अगस्त—इंग्लैण्ड से वापसी।
- 18 अगस्त—कम्युनल एवार्ड (सम्प्रदायगत बँटवारा) के खिलाफ गाँधी जी के आमरण अनशन की घोषणा।
- 19 सितम्बर—मदन मोहन मालवीय के नेतृत्व में गाँधीजी के अनशन को लेकर, बम्बई में हिन्दू नेताओं से भेंट। गाँधीजी के आमरण अनशन के बारे में प्रेस को बयान। गाँधीजी से भेंट करने के लिए अंबेडकर और अन्य हिन्दू नेताओं का पुणे गमन।
- 20 सितम्बर—गाँधीजी का आमरण अनशन शुरू।
- 21 सितम्बर—एम.आर. जयाकर, बिड़ला, चुनीलाल मेहता और सी. गोपालाचारी वगैरह प्रमुख नेताओं के साथ अंबेडकर का गाँधीजी से यरवदा जेल में भेंट के लिए, पुनः जाना।
- 24 सितम्बर—गाँधीजी की प्राण-रक्षा के लिए पुणे समझौते (शाम 5 बजे) पर दस्तखत और संयुक्त निर्वाचन-क्षेत्र व्यवस्था मंजूर।
- बम्बई के वदाला में गणपति उत्सव में वर्णभेद जर्जर हिन्दू धर्म के प्रति अंबेडकर का बेतरह झुंझलाहट व्यक्त करना।
- 26 सितम्बर—ब्रिटिश प्रधानमन्त्री द्वारा 'पुणे समझौता' में संशोधन।
- 30 सितम्बर—'अस्पृश्यता विरोधी लीग' की प्रतिष्ठा।
- 6 अक्तूबर—बम्बई विधान परिषद् में ग्राम पंचायत क़ानून पर वक्तव्य पेश। निर्यातित लोगों के योगदान की निश्चयता का प्रसंग पेश।
- 28 अक्तूबर—रूसी समाज द्वारा आयोजित बम्बई की एक सभा में वक्तव्य पेश (जिसका मूल कथन था—'रामचन्द्र' से 'रोटीचन्द्र' का

महत्त्व ज़्यादा है, यह जनसाधारण को समझना होगा।)

❑ 7 नवम्बर—तीसरी गोल मेज़ बैठक में योगदान के लिए लन्दन यात्रा।

❑ 17 नवम्बर—बैठक शुरू 'कम्युनल सेफगार्ड' कमिटी और पार्लियामेण्ट के दोनों कक्ष में ज्वाइंट कमिटी के सदस्य मनोनीत।

1933 : ❑ 24 जनवरी लन्दन से बम्बई वापसी।

❑ 4 फरवरी—गाँधीजी का तार पाकर यरवदा जेल जाना और उनसे भेंट करना। डॉ. स्टेनले जोन्स की मौजूदगी में उनसे बातचीत (अंबेडकर ने कहा, निर्यातित श्रेणी के लोग मन्दिर प्रवेश से सन्तुष्ट नहीं हैं उनके लिए सामाजिक विकास और शिक्षा ही ज़्यादा अहम है।)

❑ फरवरी—बम्बई के मजगाँव की एक सभा में वक्तव्य। निर्यातित लोगों को गुलामी के बन्धन से मुक्ति और प्राप्य अधिकारों की माँग। अत्याचार, अन्याय और झूठी प्रथा के विरुद्ध आन्दोलन का आह्वान।

❑ 14 अप्रैल—बम्बई के नासिक में और पुणे में अंबेडकर का पहला जन्मदिन कार्यक्रम।

❑ 11-28 जुलाई और 7 नवम्बर को लॉर्ड लिनूलिथगो के सभापतित्व में इण्डियन कॉन्स्टिट्यूशनल रिफॉर्म के बारे में ज्वाइंट पार्लियामेंट कमिटी के कामकाज में योगदान।

❑ 23 अक्तूबर—इंग्लैण्ड में विन्स्टन चर्चिल से भेंट।

1933-
1950 : ❑ बम्बई विश्वविद्यालय में फेकल्टी ऑफ आर्ट्स एण्ड लॉ के फेलो।

1934 : ❑ 8 जनवरी—लन्दन से बम्बई वापसी।

❑ 3 मार्च—दादासाहब गायकवाड़ को नासिक कलाराम मन्दिर सत्याग्रह त्याग करने के लिए अंबेडकर का पत्र।

❑ जून—बम्बई गवर्नमेण्ट लॉ कॉलेज में अंशकालिक प्रोफेसर के पद पर योगदान।

❑ 14 अक्तूबर—दादा केलुस्कर का निधन।

1935 : ❑ 27 मई—पत्नी रमाबाई की मृत्यु।

❑ 1 जून—बम्बई गवर्नमेण्ट लॉ-कॉलेज के प्रिंसिपल और पैरी प्रोफेसर ऑफ जूरिस्प्रूडेंस पद पर नियुक्ति।

❑ 13 अक्तूबर—याला सम्मेलन में हिन्दू धर्म त्याग की घोषणा।

❑ 12 दिसम्बर—लाहौर के 'जात-पाँत तोड़क मण्डल' के सम्मेलन के

सभापतित्व के लिए आमन्त्रित।

1965 : ❑ बम्बई विश्वविद्यालय के अकादमिक काउंसिल और सिंडिकेट के सदस्य मनोनीत—1937 तक सदस्य पद पर आसीन।

❑ अप्रैल—सिक्ख सम्प्रदाय के सम्मेलन में योगदान।

❑ 27 अप्रैल—सभापति के भाषण में परिवर्तन के प्रतिवाद में लाहौर 'जात-पाँत तोड़क मण्डल' की सभा में न जाने का फैसला।

❑ 15 मई—'जात-पाँत तोड़क मण्डल' की सभा के लिए तैयार किया गया भाषण 'जात-पाँत के विलोप साधन' शीर्षक से निबन्ध के रूप में प्रकाशित।

❑ मई-जून—इयेयोला में धर्मान्तरण के समर्थन में प्रदत्त भाषण के सम्बन्ध में प्रतिक्रिया जानने के लिए, महार लोगों को लेकर डॉ. अंबेडकर सभा का आयोजन। कट्टर धर्मानुरागी लोग सिर के बाल, दाढ़ी, मूँछ मुड़ाकर इस सभा में शामिल हुए। इस सभा में डॉ. अंबेडकर ने 'अस्पृश्य लोगों की मुक्ति किस राह' शीर्षक वक्तव्य दिया।

❑ दामोदर हॉल में एक जनसभा में देवदासी पत्रज, भूतेश, आरधि और जागती सम्प्रदाय के लोगों का बौद्ध धर्म ग्रहण के उद्देश्य से एकत्रित होना।

❑ 15 अगस्त—1935 के क़ानून मुताबिक साधारण चुनाव में प्रतिद्वन्द्विता के इरादे से 'स्वाधीन श्रमिकदल' का गठन।

❑ 12 दिसम्बर—त्रिवांकुर के महाराज द्वारा निम्न वर्ण के लोगों के मन्दिर में प्रवेश की फैसले की घोषणा। (भारत में यह फैसला पहली बार।)

1937 : ❑ 17 फरवरी—भारत सरकार के 1935 क़ानून मुताबिक साधारण निर्वाचन में अन्यान्य लोगों के साथ भाग लेकर, श्रमिक दल के प्रतिनिधि के तौर पर निर्वाचित।

❑ 17 मार्च—न्यायपति रूमफील्ड और न्यायपति एन.जे. बादिया द्वारा महाद-चौदा पोखर मामले में निम्न वर्ण के लोगों के पक्ष में फैसला।

❑ 23 अगस्त—मन्त्रियों की तनख्वाह के बारे में बम्बई विधान सभा में डॉ. अंबेडकर का वक्तव्य (स्वाधीन देश के नागरिकों की आर्थिक क्षमता के साथ समता रखते हुए उन्होंने यह वेतन-क्रम निर्धारण की नीति पेश की और उनका वेतन 500 रु. महीने से घटाकर कुल 75 रुपए तय करने का सुझाव दिया। (इस प्रसंग में उल्लेखनीय है कि यह गवर्नमेन्ट ऑफ इण्डिया ऐक्ट—1935 के मुताबिक ही भारत में शोषित और अविकसित श्रेणी की नौकरी, शिक्षा और निर्वाचन के लिए

तालिका (शिड्यूल्ड) तैयार की गई। ये लोग ही 'शिड्यूल्ड कास्ट' या तफसीली जाति के नाम से परिचित हुए। बाद में शिड्यूल्ड ट्राइब्स (आदिवासी) के साथ जुड़ गए।)

- 17 दिसम्बर—बम्बई विधान-सभा में 'खोती प्रथा' खत्म करने के बारे में वक्तव्य। एक अन्य बिल में महार वातान नामक दास प्रथा के बारे में भी प्रतिवाद के स्वर में वक्तव्य।

1938 :
- 18 जनवरी—'लोकल बोर्ड' क़ानून में परिवर्तन के इरादे से बम्बई विधान सभा में बहस-मुबाहसों के दौरान, अविकसित सम्प्रदाय को 'हरिजन' बुलाने में, बी.के. गायकवाड़ को आपत्ति और इसमें डॉ. अंबेडकर का समर्थन : प्रतिवाद में डॉ. अंबेडकर का दल-बल समेत सभा का त्याग करना।
- 23 जनवरी—अहमदनगर में आयोजित कृषक-सभा में भाषण।
- फरवरी—नासिक ज़िला के मनमांड में रेलवे के निम्नवर्ग कर्मचारियों की सभा में सभापतित्व। अपने भाषण में उनका पूँजीवाद और ब्राह्मणवाद के विरुद्ध संघर्ष संगठित करने का आह्वान।
- 27 अप्रैल—पुलिस-कानून संशोधन बिल पर विधान सभा का वक्तव्य। भारतवर्ष की तफसीली जाति के प्रति शोषण के खिलाफ संघर्ष में खून की आखिरी बूँद तक प्रदान का वादा।
- अप्रैल—जातीय स्वार्थ में, पृथक कर्नाटक प्रदेश गठन का विरोध।
- मई—सरकारी लॉ कॉलेज के प्रिन्सिपल पद से त्यागपत्र।
- मई—कोंकन जिला के सफर पर निकलकर, घृणित शूद्र-शोषण की 'खोती प्रथा' के विरुद्ध व्यापक प्रचार।
- अगस्त—मध्य प्रदेश मन्त्रीसभा में अग्निभोज नामक तफसीली जाति के एक व्यक्ति के शामिल किए जाने के खिलाफ प्रचार करते हुए, महात्मा गाँधी का मुखौटा खोलने के इरादे से बम्बई का आर.एम. भाट उच्च विद्यालय में सभा का आह्वान!
- सितम्बर—पुणे में निम्नवर्ग के छात्र-संघ सम्मेलन में भाषण।
- सितम्बर—बम्बई विधानसभा में उद्योग-विरोधी बिल पर अपने वक्तव्य में शिल्प श्रमिकों के अधिकार और स्वाधीनता खत्म करने की कोशिश पर, तीखी आलोचना।
- 6 नवम्बर—यमुना दास मेहता के सभापतित्व में उद्योग श्रमिकों के साठ संगठन के सामूहिक सम्मेलन में डॉ. अंबेडकर समेत बहुत से

विशिष्ट नेता मौजूद थे (हाल की) भावी हड़ताल को सफल बनाने के लिए, उन्होंने अपने दल के विधायकों से अनुरोध किया और यमुना दास मेहता के सभापतित्व में रामगढ़ मैदान में श्रमिक सम्मेलन आयोजित किया गया।

- 7 नवम्बर—हड़ताल में जुटे हुए श्रमिकों की सभा में डॉ. अंबेडकर का भाषण।
- 10 नवम्बर—डॉ. अंबेडकर की हिदायत पर उनके दल के विधायक, पी.जी. रोहम् की विधानसभा में जन्म-नियन्त्रण के पक्ष में प्रस्ताव पेश।
- दिसम्बर—हैदराबाद के निज़ाम के राज्य में निम्न वर्ग के पहले सम्मेलन में वक्तव्य।

1939 :

- 18 जनवरी—तफसीली जाति की समस्या के बारे में समीक्षा के उद्देश्य से डॉ. अंबेडकर का राजकोट गमन और ठाकुर साहब से बातचीत। इसी दिन 'संघ बनाम स्वाधीनता' पर पुणे में वक्तव्य।
- 17 मार्च—बम्बई में मिल श्रमिकों पर पुलिस के गोली चलाने के प्रतिवाद में स्थानीय विधानसभा में वक्तव्य।
- जुलाई—बम्बई के आर.एम. भाट विद्यालय की एक सभा निम्न वर्ण के विभिन्न सम्प्रदायों में एकबद्धता की ज़रूरत के बारे में वक्तव्य।
- अक्तूबर—काँग्रेस की युद्ध-उपसमिति के सभापति जवाहरलाल नेहरू के साथ बम्बई में उनकी पहली बार बातचीत। (उन्होंने बताया कि तफसीली जाति राजनैतिक मामले में भी वर्तमान उपेक्षित स्थिति उन्हें स्वीकार नहीं है।)
- 16 दिसम्बर—अहमदनगर ज़िला में हारे गाँवा वातुंडा में महार लोगों के सम्मेलन के सभापति के तौर पर जूदि कर-प्रथा के खिलाफ वक्तव्य।

1940 :

- मई—उक्त महार लोगों के लिए पंचायत प्रतिष्ठा।
- 27 जुलाई—बम्बई में सुभाषचन्द्र बसु से, डॉ. अंबेडकर की भेंट। (प्रस्तावित 'फेडरेशन' गठन के मामले में उन्होंने सुभाष बसु की राय जानने के बाद भी, तफसीली जाति के बारे में सुभाष बसु से इस बातचीत के दौरान, कोई भी मन्तव्य नहीं किया।)

1941 :

- जनवरी—फौज में तफसीली जाति को शामिल करने का प्रसंग छेड़ना और 49 साल बाद, महारवाहिनी का पुनर्गठन।
- 7 मई—बुद्ध जयन्ती के राजनैतिक तात्पर्य के बारे में एक विरल

सम्पादकीय। (उन्होंने लिखा कि ब्राह्मण धर्म में गणतन्त्र का प्रत्याख्यान स्पष्ट है और इसीलिए गणतन्त्र के साथ इसका कोई सम्पर्क नहीं है। चतुर्वर्ण में गणतन्त्र के लिए कोई जगह नहीं है।)

- जुलाई—भारत के प्रतिरक्षा सलाहकार परिषद् के सदस्य मनोनीत।
- अगस्त—नासिक ज़िला के सिन्नार सम्मेलन में महार-वातान लोगों पर निर्धारित-कर के विरुद्ध आन्दोलन की पुकार! राज्यपाल से भेंट! कर प्रत्याहार!

1942 :
- अप्रैल—पी.एन. राजभोज को साधारण सम्पादक और एन. शिवराज को सभापति बनाकर, 'सर्व भारतीय तफसीली फेडरेशन' का गठन।
- जुलाई—नागपुर में सर्व भारतीय तफसीली जाति सम्मेलन में वक्तव्य।
- 20 जुलाई—वायसराय की कार्य-समिति में (मन्त्रीसभा में) श्रम-सदस्य के तौर पर डॉ. अंबेडकर का मनोनयन। (जिस पद पर वे 1946 की जून तक बने रहे। पहले ही साल उन्होंने विदेश में पढ़ने-लिखने के लिए तफसीली जाति के छात्रों को वृत्ति देने की व्यवस्था की। लेकिन काँग्रेस ने यह प्रथा, 1946 में दुबारा बन्द कर दी।)
- नवम्बर—आकाशवाणी के बम्बई केन्द्र से 'भारतीय श्रमिक और संघर्ष'—शीर्षक रेडियो-भाषण।

1943 :
- 19 जनवरी—महादेव गोविन्द रानाडे 101 जन्मवार्षिकी में भाषण। (बाद में यह 'रानाडे-गाँधी-जिन्ना' शीर्षक से पुस्तकाकार रूप में प्रकाशित)
- अक्तूबर—प्रतिरक्षा फौज में तफसीली जाति के लोगों की नियुक्ति के बारे में विधि-निषेध वापस लेकर, केन्द्रीय मन्त्रीसभा में प्रस्ताव मंजूर! संसदीय गणतन्त्र के बारे में भाषण।

1944 :
- जनवरी—कानपुर तफसीली जाति संघ का सम्मेलन।
- जुलाई—बम्बई में 'तफसीली जाति उन्नयन आछि परिषद्' का गठन।

1945 :
- 8 मई—बम्बई के परेल में तफसीली जाति फेडरेशन का वार्षिक सम्मेलन। इस सम्मेलन में 'साम्प्रदायिक संकट समाधान के उपाय'—के बारे में अंबेडकर का भाषण।
- जून—'अस्पृश्य लोगों के लिए काँग्रेस और गाँधी क्या कर रहे हैं?'—शीर्षक पुस्तक का प्रकाशन!
- 26 जून—सैन्फ्रान्सिस्को में सम्मिलित जातियों के सनद पर दस्तख़त।
- जुलाई—बम्बई के 'पीपुल्स एडूकेशन सोसाइटी' की स्थापना।

- अगस्त पुणे में राजनीति से सम्बद्ध विद्यालय के उद्घाटन में भाषण।

1946 :
- जनवरी–ब्रिटिश संसदीय प्रतिनिधियों के समक्ष गवाही।
- 3 मार्च–बम्बई में नारे पार्क में तफसीली जाति फेडरेशन की निर्वाचन सभा में भाषण।
- 11 मार्च–बम्बई के वर्ली में तफसीली जाति के लोगों का गाँधीजी को कालीपताका समेत विक्षोभ प्रदर्शन।
- 5 अप्रैल–ब्रिटिश केबिनेट मिशन के सामने डॉ. अंबेडकर के विभिन्न प्रस्ताव पेश किए गए।
- मई–अस्पृश्य और वर्ण हिन्दू लोगों में संघर्ष के फलस्वरूप उनके द्वारा प्रतिष्ठित भारतभूषण प्रेस आग में जलकर खाक़।
- 16 मई–ब्रिटिश केबिनेट मिशन की नीति की घोषणा। तफसीली जाति की माँगों की उपेक्षा होते देखकर, डॉ. अंबेडकर की नाराजगी।
- 17 जून–तफसीली जाति के सही प्रतिनिधित्व की माँग से ब्रिटिश प्रधानमन्त्री को तार-वार्ता। 'केबिनेट मिशन प्रदत्त प्रस्ताव की समालोचना' शीर्षक से एक लिखित प्रतिवाद भी भेजा गया और केबिनेट मिशन के कार्यकर्ताओं द्वारा संविधान समिति स्थापना की घोषणा।
- 20 जून–बम्बई में सिद्धार्थ कॉलेज की स्थापना।
- 30 जून–केबिनेट मिशन का लन्दन प्रत्यागमन।
- जून–वायसराय की कार्यसमिति (मन्त्रि परिषद्) से इस्तीफा।
- जुलाई–पुणे की तफसीली जाति संघ की एक सभा में भाषण और कांग्रेस के विरुद्ध सत्याग्रह शुरू।
- 4 नवम्बर–चर्चिल के (केन्टर) गाँववाले घर में उनसे भेंट। लन्दन में प्रधानमन्त्री एट्ली से भी भेंट।
- 5 नवम्बर–हाउस ऑफ कॉमन्स में कंज़र्वेटिव पार्टी की सभा में भाषण। पुणे समझौते का उच्छेद और मैकडोनाल्ड के साम्प्रदायिक बँटवारा की राय के पुनरुद्धार के लिए वक्तव्य।
- नवम्बर–संयुक्त बंगाल से संविधान समिति में उनका निर्वाचन।
- 15 दिसम्बर–संविधान समिति में दिया गया पहला भाषण।

1947 :
- 27 मार्च–'राष्ट्र और उसके लघु सम्प्रदाय' रचना प्रकाशित।
- 29 अप्रैल–अस्पृश्यता सम्बन्धी संविधान की धारा 17 पास।

- 22 जुलाई—कांग्रेस के डॉ. एम.आर. जयाकर के इस्तीफे के फलस्वरूप, उनकी खाली जगह पर संविधान समिति में उनका पुनः निर्वाचन।
- 3 अगस्त—डॉ. अंबेडकर को क़ानून मंत्री के तौर पर नियुक्ति देकर, नेहरू केबिनेट में नाम घोषित।
- 15 अगस्त—भारत में स्वाधीनता लाभ और पाकिस्तान का सृजन।
- 29 अगस्त—संविधान समिति की रूपरेखा तैयार। डॉ. अंबेडकर के सभापतित्व में उपसमिति का गठन।

1948 :
- 25 जनवरी—लखनऊ में तफसीली जाति संघ के सम्मेलन का आह्वान।
- 30 जनवरी—नाथूराम गोडसे द्वारा महात्मा गाँधी की हत्या।
- फरवरी—डॉ. अंबेडकर द्वारा संविधान की रूपरेखा तैयार की गई।
- 10 मार्च—प्रो. पी.एल. नारासुर की 'दि एसेंस ऑफ बुद्धिज़्म' पुस्तक का भूमिका लेखन।
- 9 अप्रैल—हिन्दू कोड बिल पर विचार के लक्ष्य से अंबेडकर को सभापति बनाकर, सेलेक्ट कमिटी का गठन।
- 15 अप्रैल—डॉ. मिस शारदा कबीर से दूसरा विवाह।
- 21 जुलाई—संविधान समिति के सभापति डॉ. राजेन्द्र प्रसाद के हिन्दू कोड बिल के खिलाफ वक्तव्य।
- 22 जुलाई—प्रधानमन्त्री जवाहरलाल नेहरू का (राजेन्द्र प्रसाद के खिलाफ) हिन्दू कोड बिल के प्रति समर्थन जताते हुए, अपनी राय देना।
- 14 अक्तूबर—धर कमिटी को 'महाराष्ट्र को भाषा आधारित राज्य' के तौर पर गठन के लिए स्मारक-पत्र।
- 4 नवम्बर—संविधान समिति में संविधान की रूपरेखा पेश।
- 28 नवम्बर—संसद में प्रधानमन्त्री नेहरू ने घोषणा की कि हिन्दू कोड बिल को कार्यान्वित करने का दायित्व सरकार का है।

1949 :
- 25 नवम्बर—संविधान समिति में प्रदत्त उनके ऐतिहासिक विदाई भाषण की सबने मुक्त कण्ठ से प्रशंसा की।
- 26 नवम्बर—संविधान स्वीकृत।

1950 :
- 2 मई—श्रीलंका के कांडी की यात्रा और वहाँ के बौद्ध उत्सव और समारोह में शामिल।

- 6 जून—कोलम्बो भ्रमण और यंगमेन्स बुद्धिस्ट एसोसियेशन में भाषण। (उन्होंने अपनी राय जाहिर करते हुए कहा कि भारत में बौद्ध धर्म के लुप्त होने की वजह है, वैष्णव और शैव धर्म के उत्थान और अलाउद्दीन के नेतृत्व में इस्लाम का प्रवेश)

1951 :
- 5 फरवरी—सरकार की तरफ से हिन्दू कोड बिल पेश।
- मई—जन-प्रतिनिधित्व बिल संसद में पेश।
- 11 जून—हिन्दू कोड बिल के बारे में सिद्धार्थ कॉलेज के छात्र संसद में वक्तव्य।
- जुलाई—भारतीय बौद्ध-जनसंघ प्रतिष्ठित।
- 10 अगस्त—प्रधानमन्त्री नेहरू की इच्छा मुताबिक अंबेडकर को हिन्दू कोड बिल के रूपकार के रूप में वर्णन। (लेकिन संसद में हिन्दू कोड बिल पास हो जाने के बावजूद, राष्ट्रपति राजेन्द्र प्रसाद द्वारा अनुमोदन से इन्कार)।
- 19 सितम्बर—संसद में विवाह-विच्छेद को लेकर काफी हंगामा।
- 27 सितम्बर—हिन्दू कोड बिल प्रत्याहार करने के विरोध में मन्त्रीसभा से अंबेडकर का पदत्याग।
- 10 अक्तूबर—त्याग-पत्र स्वीकृत।
- 11 अक्तूबर—त्याग-पत्र कार्यान्वित! अखबारों में घोषणा।

1952 :
- 5 जनवरी—आम चुनाव में, एक अख्यात कांग्रेस उम्मीदवार एन.एस. काजरोलकर से पराजित।
- 9 मार्च—बम्बई प्रदेश से राज्य सभा में निर्वाचित।
- 2 जून—कोलम्बिया विश्वविद्यालय से कानून की सम्मानित डॉक्टरेट की उपाधि ग्रहण करने के लिए न्यूयार्क गमन।
- 5 जून—कोलम्बिया विश्वविद्यालय की तरफ से **'भारत के अन्यतम श्रेष्ठ नागरिक, विख्यात समाज संस्कारक और मानवीय मूल्यबोध के स्थापक'** का उन्हें प्रशंसा-पत्र प्रदान किया गया।
- 16 जून—न्यूयार्क से बम्बई वापसी।
- 22 दिसम्बर—पुणे बार की एक सभा में 'गणतन्त्र के सफल रूपायन से पहले'—भाषण।
- 24 दिसम्बर—कोलापुर में राजाराम कॉलेज में छात्रों के वार्षिक सम्मेलन में भाषण। कोलापुर की महिलाओं को अभिनन्दन-पत्र।

1953 :
- 12 जनवरी—उस्मानिया विश्वविद्यालय द्वारा सम्मानित डॉक्टरेट (डी.

लिट्) उपाधि प्रदान।

- अप्रैल–संसद में 'अस्पृश्यता-निवारण बिल' पेश।
- जून–बम्बई सिद्धार्थ कॉलेज ऑफ़ कॉमर्स का उद्‌घाटन।

1954 :
- 4 जनवरी–ज्योतिराव फुले पर बनी फिल्म का उद्‌घाटन।
- 24 जनवरी–बम्बई में आयोजित सर्वभारतीय साईं भक्तों के सम्मेलन का शुभ-उद्‌घाटन।
- अप्रैल–भंडारा से लोकसभा में संरक्षित आसन के लिए प्रतिद्वन्द्विता।
- 5 मई–बुद्ध जयन्ती उत्सव के उपलक्ष में रंगून-भ्रमण। वहीं उन्हें भंडारा निर्वाचन में अपनी हार की ख़बर मिली।
- 12 सितम्बर–अस्पृश्यता (निवारिणी) बिल के बारे में राज्य सभा में भाषण। (उनकी राय में, इसका नाम होना चाहिए था–'अस्पृश्य लोगों के लिए नागरिक अधिकार बिल')
- दिसम्बर–तृतीय विश्व बौद्ध-सम्मेलन में शामिल होने के लिए रंगून गमन।

1955 :
- मई–बौद्ध धर्म में दीक्षित होने की घोषणा।

1956 :
- फरवरी–'बुद्ध और उनका धम्म', 'प्राचीन भारत में विप्लव और जवाबी विप्लव', 'बुद्ध और मार्क्स'–इन ग्रन्थों की रचना का काम पूरा हुआ।
- मई–'मैं बौद्ध धर्म क्यों पसन्द करता हूँ'–इस विषय पर बी.बी.सी. में भाषण! व्वाएस ऑफ अमेरिका में भी 'भारत में गणतन्त्र की सम्भावना–' विषय पर भाषण।
- 10 जून–दिल्ली में धम्मपाद के साथ 'गीता' की तुलनात्मक चर्चा की शुरुआत! धम्मपाद के सूत्र से या पृष्ठभूमि में जात-पाँत के बारे में भी चर्चा!
- 23 सितम्बर–'रिपब्लिकन पार्टी ऑफ इंडिया' के गठन की घोषणा। रूपरेखा की कार्यसूची में 'समाजतन्त्र' ही पार्टी का लक्ष्य–इसकी घोषणा।
- 14 अक्तूबर–नागपुर में बौद्ध धर्म ग्रहण के विराट समारोह का आयोजन। 22 नियम-अनुशासन पालन करने के संकल्प क़बूल करके, अपनी पत्नी समेत, महास्थविर चन्द्रमणि के हाथों बौद्ध धर्म में दीक्षा।
- 15 नवम्बर–काठमांडू में विश्व बौद्ध सम्मेलन में योगदान और 'बुद्ध और मार्क्स'–के बारे में भाषण।
- 6 दिसम्बर–दिल्ली में स्थित निवास में अंबेडकर का महानिर्वाण।

परिशिष्ट-2

डॉ. अंबेडकर रचित ग्रन्थों का परिचय

प्रसंग-कथा

जिनका समूचा जीवन ही संघर्षरत है, जो महज लेखक ही नहीं हैं, उनके लेखन को, उनके जीवन से विच्छिन्न नहीं किया जा सकता। अधिकांश समय ये तमाम रचनाएँ, अकादमी सम्बन्धी रिसर्च के दायरे में ही क़ैद नहीं रखी जा सकतीं। वह आन्दोलन का माँग-पत्र, तर्कों की आधारशिला, चिन्तन की दृष्टि से दार्शनिक रिकॉर्ड होता है।

अंबेडकर अपने समकालीन जगत में और भारत के इतिहास के एक अन्यतम श्रेष्ठ प्राज्ञ-पुरुष थे। रेवरूली निकॉल्सन की राय में डॉ. अंबेडकर तत्कालीन विश्व के छः श्रेष्ठ विद्वान मनीषियों में अन्यतम थे। इसलिए उनके अगाध पाण्डित्यपूर्ण सम्भाषण और विभिन्न प्रसंगों में प्रस्तुत किए गए मांग-सनद-पत्र, अधिकांश क्षेत्रों में इतिहास-सम्पन्न दुर्लभ ग्रन्थों की कोटि में शामिल हैं।

दुनिया के विभिन्न दार्शनिक या राजनैतिक व्यक्तित्वों में मत-मतान्तर और मतवाद की एकता या विरूपता होना स्वाभाविक है। इस दृष्टि से विवेचना की जाए, तो अंबेडकर के मत और पथ से, मुमकिन है बहुतेरे लोग एकमत न हों, लेकिन उनका जटिल जीवन-संघर्ष, विरल विद्वत्ता, उनका अक्लान्त अध्यवसाय, अर्जित प्रज्ञा और दर्शन, कानून, अर्थनीति, राष्ट्रनीति, मानवतावाद, समाज-विज्ञान, भारत-तत्व समेत विविध विषयों में विचरण और गम्भीर पर्यवेक्षण, किसी भी सच्चे अर्थों में पढ़े-लिखे, शिक्षित इन्सान के लिए, उन्हें परम श्रद्धा का पात्र बना गया है।

इस विशाल मनीषी का व्यक्तित्व उनकी रचनावली के चप्पे-चप्पे में बिखरा पड़ा है। वैसे विभिन्न विषयों पर उनके भाषण-समेत, विविध क्षेत्रों में उनकी वाणियों, संवादों, धारणाओं से समृद्ध, उनके अजस्र निबन्ध वगैरह आज भी संकलित नहीं हो पाए हैं। उदाहरण के तौर पर, सम्पूर्ण संविधान की बृहद् स्थापनाएँ—जो उन्होंने प्रवाद-प्रतिमा दक्षता और पाण्डित्य के साथ प्रस्तुत की थीं, बाद में गण-परिषद् और तत्कालीन राजनैतिक क्षमताधारकों की इच्छा-अनिच्छा पर उनमें ग्रहण-वर्जन हुआ—लेकिन उस दिन भारतवर्ष का हर इन्सान इस शख़्स के पाण्डित्य पर

विस्मय-विमुग्ध रह गया था। जितना कुछ संकलन सम्भव हो सका है, यहाँ उनका प्राज्ञ-पर्यालोचन नहीं, सिर्फ उनकी विशिष्ट रचनाओं का संक्षिप्त-सा परिचय देने की कोशिश ही है। इस तरह अनगिनत आम पाठक कम से कम उनकी मूल्यवान रचनाओं के विषय में जानकारी प्राप्त कर सकेंगे और तरुण पीढ़ी, जो उन्हें सच ही जानना चाहती हो, इस विवरण द्वारा वे लोग भी उपकृत और प्रेरित होंगे, यह मेरा दृढ़ विश्वास है।

ग्रन्थ-परिचय के बारे में हमें जिन लोगों से प्रत्यक्ष या अप्रत्यक्ष सहायता और सहयोग मिला है, उनमें विशेषरूप से अंबेडकर विशेषज्ञ डॉ. अनिल रंजन विश्वास, अंबेडकर-अनुरागी श्री नरेन्द्रनाथ मण्डल, श्री शिशिर मुखर्जी, प्रोफेसर ज्योति दत्त, श्रीमती वीथिका विश्वास, प्रोफेसर सुदिन चट्टोपाध्याय, डॉ. अजय घोष, प्रो. क्षीरोद कविराज, प्रो. स्वप्न प्रामाणिक और डॉ. मधुसूदन चट्टोपाध्याय समेत अन्यान्य श्रद्धेय मित्रों के प्रति मैं विशेषरूप से कृतज्ञ हूँ।

रचनावली में संकलित रचनाओं का विषयानुक्रम से परिचय

सन् 1979 से 1994 तक महाराष्ट्र सरकार द्वारा प्रकाशित अंग्रेजी (द्वितीय संस्करण) रचनावली में संकलित रचनाओं का संक्षिप्त विवरण यहाँ दिया जा रहा है।

प्रथम खण्ड ❑ (क) भारत में जाति-व्यवस्था के बारे में

(1) **कास्ट इन इंडिया : देयर मेकैनिज़्म, जेनेसिस ऐंड डेवलपमेण्ट** (1915) **भारत में जातपाँत प्रथा के प्रसंग में**—इस अंश में, डॉ. अंबेडकर ने प्राचीन काल से भारत में जो सामाजिक विधि-व्यवस्था और शास्त्रीय अनुशासन वगैरह प्रचलित है, उनका विश्लेषण किया है। स्त्री-पुरुष का स्थान, विवाह-प्रणाली, सती दाह, जात-पाँत व्यवस्था वगैरह विषयों का उल्लेख करते हुए, उन्होंने प्राज्ञ मानवतावादी वैज्ञानिक दृष्टि ग्रहण की है। कोलम्बिया विश्वविद्यालय (9 मई, 1916) में यह निबन्ध उन्होंने पहली बार पढ़ा और सन् 1917 में यह 'इंडियन-एण्टिकोयारी' पत्रिका में प्रकाशित हुआ।

(2) **एनिहिलेशन ऑफ कास्ट** (1936) **जात-पाँत प्रथा की लुप्त होने के विषय में**—अंबेडकर के इस मूल्यवान ग्रन्थ में (1) महात्मा गाँधी का जाति विद्वेषात्मक मनोभाव (2) महात्मा का प्रतिउत्तर—इन दोनों निबन्धों के सहयोग से 1937 में इसका पुनः मुद्रण हुआ।

विभिन्न जातियों के इतिहास का विश्लेषण करते हुए और अपने भारतीय अनुभवों के सहारे अंबेडकर ने यह दिखाया है कि जाति-भेद प्रथा और वर्ण-वैषम्य केवल श्रम-विभाजन ही नहीं है। इस व्यवस्था ने मज़दूरों को भी विभाजित कर रखा है और भारतीय अर्थनीति में वेशतर जटिलताओं की सृष्टि की है। समाज

में विद्यमान वर्णाश्रम, अस्पृश्यता, असमता, विभेद, शोषण और वंचना, भारतीय जातीय एकता को अन्दर ही अन्दर खोखला किए दे रही है। इसीलिए उन्होंने इस प्रथा को रोकने में, उच्चवर्ण के लोगों का हृदय-परिवर्तन, असवर्ण-विवाह, पांत-भोजन जैसे चन्द विषयों का उल्लेख करते हुए, अन्त में विषमताहीन गणतान्त्रिक समाज प्रतिष्ठा का आह्वान किया है।

इस प्रसंग में यह भी उल्लेखनीय है कि लाहौर के 'जात-पाँत तोड़क मंडल' में आमन्त्रित, सम्मेलन में सभापति के भाषण के तौर पर अंबेडकर ने यह निबन्ध तैयार किया था। लेकिन उन लोगों ने इस बारे में हजारहा सवाल किए, क्योंकि अंबेडकर ने यहाँ धर्म पर ही हमला किया था। धर्म के बहाने ही वर्णवाद ने हिन्दू धर्म में जड़ जमा रखी थी। अंबेडकर ने जैसे इस भाषण में संशोधन प्रस्ताव से इन्कार किया था, उसी तरह उस सम्मेलन का आमन्त्रण भी उन्होंने लौटा दिया था।

(ख) भाषा आधारित राज्य गठन का प्रसंग

(3) **भाषा आधारित प्रदेश के रूप में महाराष्ट्र (महाराष्ट्र ऐज ए लिंगुइस्टिक प्रॉविन्स 1948)**–शीर्षक, इस रचना में भाषाई आधार पर राज्य या प्रदेश गठन के बारे में कमीशन से अंबेडकर का प्रस्तावमूलक विवरण; जहाँ उन्होंने बम्बई पौर इलाके को महाराष्ट्र में अन्तर्भुक्त रखने के पक्ष में अपने तर्क प्रस्तुत किए हैं। हालाँकि उन्होंने भाषा पर आधारित, राज्य-गठन के पक्ष में अपनी राय व्यक्त की है, फिर भी, इस वजह से, जनगण में पृथक जाति-सत्ता की धारणा जन्म ले सकती है, उन्होंने इस बारे में भी सतर्क किया है।

(4) **नीड फॉर चेक ऐंड बैलेंस (1953)**–भाषा के क्षेत्र में राज्य-विभाजन के जिस प्रसंग में उन्होंने सन्तुलन कायम रखने के लिए जो सतर्कता ज़रूरी है, उस विषय पर कलम चलाई है। यह निबन्ध 'टाइम्स ऑफ इण्डिया' पत्रिका की 23 अप्रैल, 1953 में प्रकाशित हुआ। भाषा की भित्ति पर राज्य-गठन के सवाल पर यहाँ महाराष्ट्र, आन्ध्र, तमिलनाडु के उदाहरण के सहारे इस विषय पर आलोचना हुई है।

(5) **थॉट्स ऑन लिंगुइस्टिक स्टेट्स (1955)–भाषा की बुनियाद पर राज्य गठन** के विषय को लेकर, उन दिनों पार्लियामेण्ट ख़ासा उत्तप्त था। चूँकि अंबेडकर उन दिनों बीमार थे, इसलिए उनकी राय, लिखित रूप में अख़बारों में प्रकाशित हुई। इस निबन्ध में अपने वक्तव्य के समर्थन में उन्होंने ये सभी विवरण दिए हैं कि कहाँ-कहाँ कौन-से राज्य मौजूद थे; यह नए राज्य गठन का प्रस्ताव भी क्या है, उसकी लोकसंख्या, प्रधान भाषा समेत, अन्यान्य हज़ारों तथ्य भी इसमें शामिल किए हैं।

(ग) जातीय वीर और वीरता की वन्दना से सम्बद्ध

(6) **रानाडे, गाँधी और जिन्ना** (1943)–यह ग्रन्थ दरअसल सन् 1943 के जनवरी महीने में, विशिष्ट समाज सुधारक, न्यायकर्ता रानाडे की 101वें जन्म-वार्षिकी पर दिया गया भाषण है। दूसरी साल अप्रैल महीने में, यह पुस्तकाकार रूप में बम्बई से प्रकाशित हुआ। अन्धे धर्म-विश्वास और समाज-भक्ति के नाम पर जो शोषण, निर्यातन समाज में प्रचलित है, उसके खिलाफ, जिन्होंने संघर्ष किया था, उन्हीं रानाडे की स्मृतिसभा में खड़े होकर, अंबेडकर ने जो भाषण दिया था, उसमें तत्कालीन राजनीति का एक विशिष्ट चित्र उभरा था। जो सब अनपढ़-गँवार लोग अस्पृश्यता के शिकार थे, उनको उल्लेख न करके लेखक ने यहाँ समस्त हिन्दू समाज और उसके विदग्ध पण्डित मंडली (!) पर हमला किया है, जो लोग अस्पृश्यता, वर्ण-विषमता की 'आदर्श व्यवस्था' के रूप में तारीफ करते हैं और जाति-भेद प्रथा को मजबूत करने में सक्रिय हैं। यानी यहाँ भ्रष्ट आदर्शवाद के विरुद्ध, उनकी मानवीय संघर्ष की वाणी गूँज उठी है। इसके साथ इसमें निबद्ध है, स्वेच्छाचारी संख्यागरिष्ठ लोगों के प्रताप से, आदर्शवान् संख्यालघु इन्सानों को बचाने की समस्या और उनकी मुक्ति के उपाय।

प्रसंगवश यहाँ उन्होंने इतिहास में व्यक्ति की भूमिका के प्रसंग में महत्त्वपूर्ण मन्तव्य भी दिए हैं।

(घ) संवैधानिक पुनर्गठन से सम्बद्ध

(7) **एविडेंस बिफोर द साउथ बरो कमिटी** (1919)–(**निर्वाचन नीति विषयक साउथ बरो कमिटी प्रदत्त साक्षी**)–इस साक्ष्य की चर्चा करते हुए लेखक ने दृढ़ता के साथ कहा है–'जनप्रिय सरकार गठन की बुनियाद, जिस निर्वाचन नीति पर निर्भरशील है, वह नीति, काँग्रेस की विषमतामूलक आचरण की वजह से पक्षपातपूर्ण हो उठी है। फलस्वरूप वर्ण हिन्दुओं के प्रतिनिधि, कमजोर वर्ग के लोगों को अपने पैरों तले रौंद रहे हैं।' इस पृष्ठभूमि में निपीड़ित लोग, संख्या के आधार पर, संरक्षित आसन की माँग करते हुए, लॉर्ड साउथ बरो के सभापतित्व में गठित, निर्वाचन नीति निर्धारक कमिटी के सामने, डॉक्टर अंबेडकर ने जो भाषण दिया था–इस पुस्तक में उसका विवरण है। आत्मनियन्त्रण के अधिकार-रक्षा के लिए मुस्लिम लीग और सिख सम्प्रदाय को जो मौके मिले, यह भी उसी के मुताबिक एक मांग भर है–इस पुस्तक में उसी का उल्लेख है।

(8) **फेडरेशन वर्सेस फ्रीडम** (29 जनवरी, 1939)–**संघ बनाम स्वाधीनता**–शीर्षक इस रचना में, गोखले हॉल में आयोजित गोखले इन्स्टिट्यूट ऑफ पॉलिटिक्स ऐंड इकोनॉमिक्स के वार्षिक समारोह में दिए गए भाषण का विवरण है। मूल विषय

है, स्वाधीन भारत के लिए प्रस्तावित संयुक्त राष्ट्रीय संरचना, जहाँ देशी राज्यों के अन्तर्भुक्त करने का सवाल तहलका मचाए हुए था। 'समय की सरणी' (ट्रैक्ट्स फॉर दि टाइम) सीरीज के इस संख्या तीन के निबन्ध में उन्होंने देशी राज्यों को भारत का अंग बनने का प्रस्ताव दिया था।

(9) **कम्युनल डेडलॉक ऐंड ए वे टु सॉल्व इट : उसके समाधान का एक उपाय। इसके साथ साम्प्रदायिक अचल स्थिति** (1945)–भारत की साम्प्रदायिक समस्या के समाधान के सूत्र के तौर पर इस ग्रन्थ की प्रासंगिकता, तत्कालीन समय के एक मूल्यवान अध्याय के रूप में है। 1945 में जातिगत हंगामों के समय प्रकाशित इस पुस्तक में अंबेडकर के विचार, हिन्दू और मुसलमान, दोनों सम्प्रदायों के लिए ही व्यक्त किए गए थे, जो एक आदर्श प्रस्ताव था। तफसीली जाति की तरफ से दिया गया यह प्रस्ताव ही राजनैतिक क्षमता पर, एक किस्म का सन्तुलन बनाए रखने या 'चेक ओ बैलेंस' नीति प्रयोग करके, भारत को अखण्ड बनाए रखने का एक उल्लेखनीय प्रयास था। सर स्टैफोर्ड क्रिप्स और सर तेज़बहादुर सप्रू के दो प्रस्तावों की जाँच-परख करने के बाद, अंबेडकर को लगा कि संविधान तैयार करने के मामले में दोनों ही प्रस्ताव, साम्प्रदायिक समस्या को ज़िन्दा रखने में सहायक होंगे। इस पुस्तक में उन्होंने यह भी बताया है कि भारत में बहुल संख्यावाला दल साम्प्रदायिक है और उनके राजनैतिक दल में परिणत होने की सम्भावना बेहद कम है। उनका ख्याल था, कि उनकी प्रस्तावित नीति के प्रयोग से, पाकिस्तान के मुसलमान अपने निजी स्वार्थवश ही वहाँ के गैर-मुसलमानों के स्वार्थ की रक्षा करेंगे और विभाजित भारत में गैर-मुसलमान इसी तरह ही अपने स्वार्थवश, मुसलमानों के स्वार्थ की रक्षा करेंगे। यहीं उनके 'चेक ओ बैलेंस' नीति की मूल बात है और अंबेडकर की राय में यही साम्प्रदायिक समस्या के समाधान का प्रकृत उपाय है।

यह रचना, सन् 1945 की 6 मई को बम्बई की अखिल भारत तफसीली जाति फेडरेशन में पहली बार पढ़ी गई।

(10) **स्टेट्स ऐंड माइनॉरिटीज़** (1947) **: राष्ट्र और उसके संख्यालघु सम्प्रदाय**–शीर्षक ग्रन्थ, दरअसल एक माँग-पत्र है। अखिल भारत तफसीली जाति की तरफ से, उनके राजनैतिक अधिकार रक्षा की माँग करते हुए, उन्होंने 1946 में गण-परिषद् के सामने इसे पेश किया था। सन् 1947 की मार्च में यह पुस्तकाकार रूप में प्रकाशित हुआ।

इस ग्रन्थ में भारतीय नागरिकों के मौलिक अधिकार, संख्यालघु सम्प्रदाय के अधिकार-रक्षा का दायित्व और विधानसभा समेत स्थानीय सभा-समितियों में तफसीली जाति के प्रतिनिधित्व के बारे में चर्चा की गई है। इसके उदाहरण उन्होंने अमेरिका, संयुक्त राष्ट्र और ब्रह्मदेश समेत विभिन्न देशों से इकट्ठे किए थे। इस रचना में अर्थनैतिक शोषण, सामाजिक उत्पीड़न, दरिद्रता और वंचना के हाथ से

संख्यालघु सम्प्रदाय के नागरिकों के रक्षा-कवच का उल्लेख किया गया है। इस समस्या के प्रतिकार के लिए लेखक का सुनिर्दिष्ट प्रस्ताव भी सुझाया गया है।

(11) **स्मॉल होल्डिंग इन इण्डिया (ऐंड देयर रेमेडीज़)**–**भारत के छोटे-छोटे खेत-ज़मीन** विषयक समस्याओं की जड़, समाज की भ्रान्त आर्थिक-सामाजिक व्यवस्था में छिपी हुई है। फलस्वरूप इन खेत-ज़मीनों को इकट्ठा करना और इनका अच्छी तरह संरक्षण करना, विराट समस्या है। लेखक की राय में इन तमाम खेत-ज़मीनों को इकट्ठा करके और कृषि-व्यवस्था के औद्योगीकरण के माध्यम से ही इस क़िस्म की समस्या का समाधान सम्भव है।

(12) **मी रसेल ऐंड द रीकंस्ट्रक्शन ऑफ सोसाइटी** (1918)–महामति रसेल की 'समाज पुनर्गठन की शर्त वगैरह' विषयक ग्रन्थ की समालोचना के प्रसंग में रचित यह लेख पहली बार 1918 में, 'जर्नल ऑफ द इण्डियन इकोनॉमिक्स सोसाइटी' में प्रकाशित हुआ था। रसेल के प्रति पूरे सम्मान के साथ ही उन्होंने इस पुस्तक में युद्ध-विरोधी, प्रशान्तिवादी मानसिकता के प्रसंग में सवाल किए हैं। साथ ही उन्होंने मूल्यवान दार्शनिक आलोकपात भी किया है।

द्वितीय खण्ड ❑ विभिन्न भाषण (1927-39)

1. **बम्बई विधान सभा में भाषण** (24.2.27-27.10.39)–इन सब रचनाओं में उल्लेख योग्य विषय हैं–विश्वविद्यालय शिक्षा, प्राथमिक शिक्षा, जमींदारी स्वामित्व विलोप, कुख्यात खोती और महार वातान प्रथा, उद्योग-विरोध, मन्त्रियों की तनख्वाह, औरतों को मातृत्व के लिए छुट्टी, भाषा-आधारित राज्य, दूसरे महायुद्ध में अंश-ग्रहण समेत विविध और महत्त्वपूर्ण विषयों पर उनका मूल्यवान वक्तव्य।

2. **साइमन कमीशन में उनका भाषण और बक्तव्य** (1928-39)–कमीशन के सामने बहिष्कृत हितकारिणी सभा के पक्ष से और अपनी तरफ से अंबेडकर ने वक्तव्य पेश किया। इसके अलावा लोथयान कमिटी के सदस्य के तौर पर वोटाधिकार के बारे में भी उनका सुचिन्तित मत।

3. **गोल मेज़ बैठक में उनका भाषण** (20.11.30-13.11.33)–पहली बैठक में संख्यालघु सब-कमेटी के सामने वक्तव्य; संविधान में अस्पृश्य लोगों के अधिकार-रक्षा का प्रसंग। बुजुर्गों के वोटाधिकार प्रयोग का प्रसंग। इसके अलावा गोल मेज़ बैठक के सदस्य के तौर पर भी उनके भाषणों में निम्नवर्ग के लोगों के प्रति विषमता का आचरण और सामाजिक-राजनीति के खिलाफ उनका स्पष्ट वक्तव्य, जिसके प्रतिकार के लिए उन्होंने राजनैतिक अधिकार, आसन संरक्षण, पृथक निर्वाचन वगैरह माँगें भी रखीं। हालाँकि सरकार ने उसे मंजूर नहीं किया, जिसके फलस्वरूप, साम्प्रदायिक बँटवारे की सृष्टि हुई और गाँधीजी का अनशन शुरू हुआ। अन्त में पुणे-समझौता! पृथक निर्वाचन के बजाय संयुक्त **निर्वाचन**

का फैसला। डॉ. अंबेडकर ने इस पुस्तक में कहा है–**न्याय-चिन्तन पर प्रतिष्ठित आन्तरिक मनोभाव ही किसी जाति को एकजुट रखने में सक्षम होता है, सिर्फ क़ानून के द्वारा कभी भी सम्भव नहीं।**

तृतीय खण्ड ❑ अप्रकाशित रचनाएँ–1

इस खण्ड में चन्द ऐसी रचनाएँ शामिल की गई हैं, जो पहले कहीं भी प्रकाशित नहीं हुई थीं। यहाँ तक कि यह भी आशंका थी कि ये सब रचनाएँ शायद नष्ट हो चुकी हैं। इसमें ऐसे अनेक विषयों का उल्लेख है, जिस बारे में उन्होंने बातचीत करने या सन्दर्भ रचना की परिकल्पना की थी। लेकिन अपने जीवन काल में वे इन्हें पूरा नहीं कर पाए, इसलिए इस पुस्तक में उनकी चर्चा कहीं पूरी, कहीं परिकल्पना भर ही है।

1. ❑ इस अध्याय का मूल आलोच्य है (1) **'हिन्दू धर्म का दर्शन' या फिलॉस्फी ऑफ हिन्दुइज्म**–धर्म के विषय में उनकी आलोचना में यहाँ भक्तिवादी का मनोभाव नहीं है, अधिकतर तर्कवादी की दृष्टि ही प्रतिफलित हुई है। उनकी राय में प्रकृत धर्म किसी समाज में भेद-भाव या विद्वेष नहीं फैलाता, बल्कि मानवीय मूल्यबोध-सृष्टि के लिए पृष्ठभूमि तैयार करे, जो हिन्दू धर्म खो चुका है। फलस्वरूप अन्धे धार्मिक अनुशासन से क्षत-विक्षत जाति, अपनी जातीय एकता की बुनियाद मज़बूत नहीं कर पा रही है।

2. ❑ **भारत और साम्यवाद की पूर्व-शर्त (इण्डिया ऐंड प्री-रिक्युज़िट्स ऑफ कम्युनिज़्म)**–इसमें संकलित आलोचना और आलोचना की रूपरेखा की परिकल्पनाओं के शीर्षक हैं–(2) **हिन्दू समाज**-व्यवस्था के लिए ज़रूरी नीति (3) हिन्दू समाज-व्यवस्था विशिष्ट **लक्षण** (4) हिन्दू धर्म का प्रतीक।

3. ❑ **प्राचीन भारत में विप्लव और प्रतिविप्लव (रिवोल्यूशन ऐंड काउण्टर रिवोल्यूशन इन एन्शिएंट इण्डिया)**–इस अध्याय में विषयों के शीर्षक हैं–(5) प्राचीन भारत के पुनः प्रकाश (6) आर्य समाज-व्यवस्था का प्राचीन युग (7) अपसृयमान पुरोहित तन्त्र (8) समाज सुधारक और उनका भाग्य (9) बौद्ध धर्म का पतन और क्षय (10) ब्राह्मण धर्म का साहित्य (11) ब्राह्मण धर्म की जय (12) मनु स्मृति या प्रतिविप्लव की नीति (13) कृष्ण और गीता–प्रतिविप्लव का दार्शनिक रक्षा-कवच (14) विराटपर्व और उद्योगपर्व का विश्लेषण (15) ब्राह्मण बनाम क्षत्रिय (16) शूद्र और प्रतिविप्लव (17) स्त्री जाति और प्रतिविप्लव।

4. ❑ **चतुर्थ पर्व में संयोजित ग्रन्थ परिकल्पना का नाम**–18 बुद्ध अथवा कार्ल मार्क्स।

5. ❑ **इस खण्ड के शेष पर्व में उपलब्ध**–(19) पूर्वोक्त विभिन्न ग्रन्थ रचना की परिकल्पना।

चतुर्थ खण्ड ❑ अप्रकाशित रचनाएँ–2

1. ❑ **रिड्ल्स इन हिन्दुइज्म यानी हिन्दू धर्म की पहेली**–इस शीर्षक के आलोचनामूलक ग्रन्थ ही चार खण्डों में संकलित हैं। 17 अध्यायों का यह ग्रन्थ, शुरू-शुरू में एकत्रित था। रचनावली में शामिल करते समय, उसके साथ और कुछ भी जोड़ दिया गया। इसलिए इस खण्ड के अध्यायों की कुल संख्या 32 हो गई है। यहाँ लेखक ने–'हिन्दू धर्म के विधान, जो सनातन हैं, भ्रांतिहीन, तमाम समालोचनाओं से ऊर्ध्व हैं, इंसानी विचार-बुद्धि से जाँच-परख किए बिना ही, बिल्कुल अन्ध भाव से मानना होगा–' इन तमाम अवैज्ञानिक सिद्धान्तों के प्रति चरम समालोचनापूर्ण सवाल उठाए गए हैं। प्राचीन ग्रन्थों से उन्होंने अपने तर्क के समर्थन में, विभिन्न घटनाओं, चरित्रों और उदाहरणों का सहारा लिया है और अपनी प्रज्ञा और उपलब्धि के तेज हथियार से ज़ोरदार हमले किए हैं। उन्होंने वही शाश्वत वाणी दुहराई है–**'मनुष्य की ज़रूरत पर धर्म की सृष्टि हुई, धर्म के लिए मनुष्य की सृष्टि नहीं हुई।'**

पंचम खण्ड ❑ अप्रकाशित रचनाएँ–3

1. ❑ चार पर्वों में विभक्त इस खण्ड के प्रथम पर्व में मूलतः उनकी अस्पृश्यता सम्बन्धी लेखन शामिल किए गए हैं। उनकी पहली रचना है–**अस्पृश्य या भारतीय अन्त्यज सन्तान (अनटचेबलूस और द चिल्ड्रेन ऑफ इण्डियन घेटो)।** इस ग्रन्थ में यह बताया गया है कि भारत में अन्याय-जुल्म के शिकार, अपमानित-लांछित लोगों पर उच्च वर्ण के लोग युग-युगों से अत्याचार और निपीड़न बरसाते रहे हैं। प्रसंग क्रम में यहूदियों पर किए गए अन्याय और अत्याचार का भी उल्लेख किया गया है। अन्यान्य लेखों में यह बताया गया है कि जन्म की वजह से एक बार जो अछूत बन गया, वह चिरकाल ही अछूत बना रहता है–इस धारणा से समूचा समाज प्रभावित है। इसके अलावा, **अस्पृश्य लोगों की समस्या, उसके प्रतिकार के प्रकृत उपाय**–अत्याचारी हिन्दुओं की सामाजिक स्थिति और उनका मानसिक परिवर्तन वगैरह विषयों पर लेखक का वक्तव्य, इसमें संकलित है।

2. ❑ दूसरे पर्व में पूर्वोक्त समस्या के ही **सामाजिक पक्ष** के बारे में सोच-विचार।

3. ❑ तीसरे पर्व में **राजनैतिक समस्या।**

4. ❑ चौथे पर्व में **धार्मिक समस्या** पर सोच-विचार।

षष्ठ खण्ड ❑ अर्थ और पूँजी विषयक

1. **एडमिनिस्ट्रेशन ऐंड फिनान्स ऑफ द ईस्ट इण्डिया कम्पनी** (**ईस्ट इण्डिया कम्पनी का प्रशासन और अर्थ-व्यवस्था**) नामक, पहले अप्रकाशित यह सन्दर्भ, 1915 की 15 मई को यू.एस.ए. के कोलम्बो विश्वविद्यालय में एम.ए. परीक्षा के सूत्र से, अंबेडकर को जमा कर देना पड़ा। यह उनकी वह रचना है जो उन्होंने 24 साल की उम्र में लिखी थी। फिर भी यह महत्त्वपूर्ण है।

2. ❑ इस खण्ड की दो प्रमुख रचनाओं में से पहली रचना है–**दि एब्युलेशन ऑफ प्रोविन्शियल फिनान्स इन ब्रिटिश इण्डिया** (**ब्रिटिश भारत में प्रादेशिक पूँजी का क्रम विकास**)। यह लेख पहले **द नेशनल डिविडेंड फॉर इंडिया : ए हिस्टोरिक ऐंड एनालिटिकल स्टडी**–नामक रिसर्च-पत्र के तौर पर पी-एच.डी. के लिए जमा कर दिया गया था। पुस्तकाकार रूप में, यह पुस्तक पहली बार लन्दन से सन् 1925 में प्रकाशित हुई।

3. दूसरी प्रमुख रचना (रुपयों की समस्या–**प्रॉब्लेम ऑफ द रुपी–1922**) यह भी अंबेडकर की डी.एस-सी. की थीसिस थी।

इस खंड में, इनके अलावा, कुछ साधारण रचनाएँ भी शामिल की गई हैं या उन्होंने समकालीन परिप्रेक्ष्य में, अर्थ, वाणिज्य, प्रशासन वगैरह विषयों पर लिखा है।

सप्तम खण्ड ❑ भारत की वर्ण-व्यवस्था

1. ❑ **शूद्र** (**हू आर द शूद्रस्**)–**शूद्र कौन लोग हैं? इन्दो-आर्य समाज में वे चतुर्थ वर्ण में कैसे परिणत हुए** (1936)?–वगैरह विषय, इस खण्ड में शामिल किए गए हैं। यह खण्ड भी अंबेडकर की अथक मेहनत और मेधा का प्रतिफल है। इसके लिए उन्होंने प्राचीन शास्त्रों और वेद-पुराणों का गहराई से अध्ययन करके, तथ्यों का संधान किया है। उन्होंने दिखाया है कि पहले इस चतुर्थ वर्ण का नामो-निशान भी नहीं था। जो लोग आज शूद्र के नाम से परिचित हैं वे क्षत्रिय के ही अंश हैं। उन्होंने प्राचीन कथा का हवाला देकर बताया है कि किसी ज़माने में सूर्य-राजवंश और ब्राह्मण तरह-तरह से निर्यातित और अपमानित हुए, इसीलिए प्रतिवाद में ब्राह्मणों ने शूद्रों के जनेऊ वगैरह अनुष्ठानों में पूजा-पाठ करने से इन्कार कर दिया। फलस्वरूप शूद्र लोग क्षत्रियों की बिरादरी से पतित होकर चतुर्थ वर्ण में परिणत हो गए।

2. ❑ इस खण्ड में दूसरा महत्त्वपूर्ण ग्रन्थ है–**अस्पृश्य से सम्बन्धित।**

अस्पृश्य कौन लोग हैं? वे लोग अस्पृश्य कैसे हो गए?–(**द अनटचेबल हू आर दे ऐंड व्हाइ दे विकेम अनटचेबल?–1947**) यह ग्रन्थ लेखक के पूर्वोक्त शूद्र

विषयक चर्चा का ही परिशिष्ट अंश है। यहाँ कुल मिलाकर इस बात की चर्चा की गई है कि भारत में अजीबोगरीब अस्पृश्य-समस्या की एक खोजपूर्ण मौलिक और पूर्णांग आलोचना होनी चाहिए। अस्पृश्यता की शुरुआत से पहले हिन्दू और अस्पृश्य लोगों के बीच कोई फर्क़ नहीं था। आदिम स्थिति में चन्द बिरादरी-च्युत लोगों के गो-मांस भक्षण के स्वभाव और ब्राह्मणों की दुश्मनी, विद्वेष की वजह से, अस्पृश्य समाज का उद्‌भव हुआ। उसी की व्याख्या, इस पुस्तक का प्रतिपाद्य विषय है। लेखक ने इस बात पर प्रकाश डाला है कि अस्पृश्य इन्सान और अपवित्र इन्सान एक नहीं होता। अपवित्र इन्सान का अस्तित्व, धर्मशास्त्रों में फिर भी मिल जाता है, मगर अस्पृश्य इन्सान का आविर्भाव सन् 400 में, चतुर्थ वर्ण के प्रभाव में आकर हुआ।

❑ इस प्रसंग में एक और ग्रन्थ का उल्लेख ज़रूरी है–**'दि राइज़ ऐंड फॉल ऑफ द हिन्दू वुमैन–हू इज़ रिस्पॉन्सिबल–(1951)'**–'हिन्दू नारी जाति का उत्थान-पतन और पतन के लिए कौन जिम्मेंदार है?' विषयक लेख, पहले 1951 में कलकत्ता की महाबोधि पत्रिका के ज्येष्ठ अंक में प्रकाशित हुआ। 21.1.1950 को 'ईव्स वीकली' में अंबेडकर के बारे में, जो सब लिखा गया था, उन्हीं का जवाब देने के लिए ही, इस ग्रन्थ की रचना हुई। इसके लिए अंबेडकर को समस्या की गहराई में उतरना पड़ा। इस लेख के शेषांश में उन्होंने कहा कि यह महात्मा बुद्ध का ही निर्देशित-पथ है।

अष्टम खण्ड ❑ देश विभाजन प्रसंग

1. थॉट्स ऑन पाकिस्तान या भारत विभाजन नामक ग्रन्थ ही इस खण्ड का एकमात्र विषय है। पहले यह 1940 में प्रकाशित हुआ था। इसके बाद, किसी दिन चर्चा के दौरान पण्डित जवाहरलाल नेहरू ने जिन्ना साहब से कहा, 'आप पाकिस्तान माँग रहे हैं, अच्छी बात है, लेकिन आप लोगों के पाकिस्तान का रूप क्या है?' कहते हैं, उस वक्त जिन्ना साहब ने उन्हें डॉ. अंबेडकर की यह पुस्तक पढ़ने को दी थी, क्योंकि अंबेडकर ने इस ग्रन्थ में भारत विभाजन के प्रसंग में गम्भीर मनन-समृद्ध और ऐतिहासिक तथ्यों समेत यह रिपोर्ट पेश की थी जो आज भी पाठकों के लिए चिन्ता की खुराक जुटाने में सक्षम है। इस ग्रन्थ को, उस ज़माने में, गाँधीजी भी सबसे ज़्यादा प्रामाणिक ग्रन्थ मानते थे। साम्प्रदायिक परिस्थिति, दो जाति की भावना, भारत विभाजन के पक्ष और विपक्ष में विभिन्न मत, उक्त विभाजन के सम्भाव्य परिणाम वगैरह के बारे में, अंबेडकर ने शोधकर्ता की दृष्टि से जाँच-पड़ताल की है।

नवम खण्ड ❑ गाँधीजी और अस्पृश्यता प्रसंग

केवल पुणे समझौता ही नहीं, गाँधीजी भी अंबेडकर के चिन्तन में विपरीत भाव और द्वन्द्व, इतिहास की सामग्री! इस ग्रन्थ में उसी का निदर्शन है।

1. ❑ **मि. गाँधी ऐंड द इमैनसिपेशन ऑफ द अनटचेबल 1943 : गाँधी जी और अस्पृश्य लोगों की मुक्ति**–यह लेख पहली बार, सन् 1942 में उत्तर अमेरिका के क्यूबेक में अनुष्ठित इंस्टीट्यूशन ऑफ पेसिफिक रिलेशन्स के एक सम्मेलन में पढ़ा गया था। ग्रन्थ का मूल प्रतिपाद्य विषय था, जाति-जाति के बीच निष्ठुरता, इन्सान-इन्सान में अमानुषिक जाति-विद्वेष विषयक समस्या और उसके समाधान की राह। इस पृष्ठभूमि में हिन्दू समाज का जाति-भेद, वर्ण-वैषम्य और अस्पृश्यता की समस्या और उनकी मुक्ति–यही सब इस ग्रन्थ में शामिल है। इस भयावह स्थिति के बारे में बाहरी दुनिया को परिचित कराना ही, इस समाज सुधारक निबन्धकार का उद्देश्य था। बाद में भारतीय समकालीन पृष्ठभूमि में प्रधानता उपलब्ध होने पर, अस्पृश्य लोगों के बारे में गाँधी के भ्रान्त विचारों का मुखौटा उतारने के लिए अंबेडकर ने कलम पकड़ी थी। लेखक की भाषा में–'गँवार हिन्दुओं की राय में अस्पृश्य लोगों को कोई अधिकार अर्जन का हक़ नहीं है, क्योंकि हिन्दू समाज में साम्य प्रतिष्ठा का कोई मतलब नहीं है। वर्ण हिन्दुओं की राय में अस्पृश्यता कोई नैतिक या सामाजिक अपराध नहीं है।' प्रसंगवश इस लेख में भी अंबेडकर ने कहा है, "गाँधी और उनकी काँग्रेस का आन्दोलन, जनगण की स्वाधीनता के लिए नहीं, राज्य शासन हथियाने के लिए है।" गाँधी का उद्देश्य था हिन्दू और हिन्दुत्व के लिए भारत को सुरक्षित रखना। उनके दिलो-दिमाग़ में अस्पृश्य लोगों के लिए नौकरी में आसन-संरक्षण, शिक्षा का मौका–वगैरह विषयों ने कभी जगह नहीं पाई।

2. ❑ **व्हाट काँग्रेस ऐंड गाँधी हैव डन टु द अनटचेबल्स–1945 'अस्पृश्य लोगों के लिए गाँधी और काँग्रेस ने क्या किया है?'**–समकालीन राजनीति की पृष्ठभूमि में इस ग्रन्थ में अंबेडकर, अस्पृश्य और भारत के पददलित इन्सानों के हित के लिए काँग्रेस या गाँधीजी ने क्या किया है–वे लोग कितने आन्तरिक थे या कितने प्रवंचक–इन सब विषयों पर उन्होंने तीखे शब्दों में हमला किया। उन्होंने बिल्कुल साफ-साफ कहा–गाँधीजी की कोशिशों से अस्पृश्यता के मुद्दे को प्रचार मिल गया, लेकिन इस समस्या के समाधान की काँग्रेस की कोई आन्तरिक इच्छा नहीं थी। तभी काँग्रेस और गाँधीजी, मुसलमान और सिक्खों के लिए निर्वाचन की माँग का समर्थन करने के बावजूद, निम्न श्रेणी के लिए अलग निर्वाचन की माँग नहीं स्वीकार कर सके। इसीलिए डॉ. अंबेडकर ने इन लोगों के लिए राजनैतिक अधिकारों की माँग की। गाँधीजी ने निम्न श्रेणी के हित के विरुद्ध भी किया था।

उन लोगों ने, बहुतेरी ज़रूरतों के तकाजे पर, बहुत बार सत्याग्रह किया, मगर अस्पृश्यता के खिलाफ, कभी, कोई सत्याग्रह करता नज़र नहीं आया—इन तमाम तथ्यों से यह ग्रन्थ समृद्ध है।

सन् 1937 के चुनाव के नतीजों को काँग्रेस ने विकृत तरीके से दिखाया और सभी वर्गों के प्रतिनिधित्व की माँग की। अंबेडकर की राय में, इसका कोई उपयुक्त आधार नहीं था। गाँधीजी और काँग्रेस किस तरह निम्न श्रेणी के मुक्ति आन्दोलन में और समाज सुधार की कोशिश में, कदम-कदम पर रुकावट डालते रहे, उन्होंने इस खण्ड में यह भी दिखाया है।

दशम खण्ड ❑ मन्त्री सभा में अंबेडकर (1942-46)

1. ❑ ब्रिटिश भारत में वायसराय के एक्जिक्यूटिव काउन्सिल के श्रम-सदस्य के तौर पर और श्रम मन्त्री बने रहने के दौरान डॉ. अंबेडकर ने भीतर-बाहर जितने भी भाषण दिए थे, सब इस ग्रन्थ में शामिल हैं। नारी श्रमिक समेत श्रमिकों के कल्याण, उन लोगों की सामाजिक सुरक्षा, कल-कारखानों के प्रसार वगैरह के लिए उन्होंने विविध क़ानून बनाकर, नारी श्रमिक समेत, श्रमिक और उद्योग जगत में परिवर्तन लाने की पहल की। इसके अलावा, बेकारी समस्या, बाढ़ नियन्त्रण, सिंचाई, जल-निकासी वगैरह समस्याओं पर भी लिखा, जो इस खंड में संकलित है, जिसके समाधान की कोशिश में डॉ. अंबेडकर के देशभक्त रूप का उज्ज्वल हस्ताक्षर, इस खण्ड में मौजूद है।

इस प्रसंग में यह भी उल्लेखनीय है कि डॉ. अंबेडकर जब श्रम विभाग के दायित्व में थे, उस समय और परवर्ती काल में भी श्रमिकों के कल्याण के लिए कई बिल पास हुए, जिसके फलस्वरूप श्रमिक श्रेणी को निम्नलिखित सुविधाएँ प्राप्त हुईं। इस मामले में डॉ. अंबेडकर की विशिष्ट भूमिका थी :

1. कोयला मजदूर श्रमिकों को शिक्षा, गृह-निर्माण समेत विभिन्न विषयों में सहायता।

2. नौकरीशुदा औरतों के लिए 46 सप्ताह की छुट्टी। (1933 की धारा मुताबिक—कोयला खदान की महिला श्रमिकों के गर्भवती होने पर 10 सप्ताह, प्रसव के बाद शिशु की जननी को 26 सप्ताह और बाद में 10 सप्ताह की छुट्टी स्वीकार की गई)।

3. इम्प्लॉयमेण्ट एक्सचेंज यानी रोजगार-दफ्तर की प्रतिष्ठा।

4. उद्योग और कारखाना श्रमिकों के लिए 8 घंटे कामकाज की स्वीकृति और वेतन-सहित छुट्टी की व्यवस्था।

5. ट्रेड-यूनियन के अधिकारों के सम्प्रसारण को स्वीकृति।

6. श्रमिकों की मृत्यु या ज़ख़्मी होने पर, परिवार के लिए एक मुश्त

अनुदान-राशि की व्यवस्था।

7. श्रमिकों का न्यूनतम वेतन-निर्धारण वगैरह।

एकादश खण्ड ❑ बुद्ध और उनका धम्म (1957)

बुद्ध और उनके धम्म, शीर्षक ग्रन्थ, इस ग्यारहवें खण्ड में शामिल हैं। इस ग्रन्थ में निम्नलिखित विषयों पर चर्चा की गई है–

1. सिद्धार्थ और गौतम बौद्ध कैसे बने?
2. धर्मान्तरकरण के लिए प्रचार अभियान
3. बुद्ध की शिक्षा
4. कर्म और धर्म
5. संघ
6. बुद्ध और उनके समकालीन शिष्य, बन्धु और समालोचक वर्ग
7. अनिर्वाण-अन्तिम-यात्रा
8. मानव रूप में सिद्धार्थ-गौतम
9. उनकी मानविकता

इस ग्रन्थ में अंबेडकर ने बुद्धदेव के पारिव्राज्य ग्रहण के प्रसंग में जो सब किस्से-कहानियाँ प्रचलित हैं, उनकी वस्तुवादी व्याख्या करते हुए ढेरों सवाल उठाए हैं। जैसे, 29 वर्ष की उम्र में ही, जिस बुद्ध का पहली बार जरा सी पीड़ा, बुढ़ापे का दुःख और मृत्यु-शोक से आमना-सामना हुआ, यह कितना सच है?

बौद्ध धर्म का सुख-दुःख, मृत्यु वगैरह के प्रसंग, दरअसल बुद्ध के समय के ही विषय हैं या परवर्ती काल में जोड़े गए?–उन्होंने यह सवाल भी उठाया है।

इसके अलावा, बौद्ध धर्म की आत्मा के अस्तित्वहीनता और पुनर्जन्मवाद, कर्मफल तत्त्व वगैरह निरे आत्मविरोधी हैं–उन्होंने यह ख्याल भी जाहिर किया है। महानिर्वाण का आकांक्षी भिक्षु क्या सच ही समाज सेवक है? उन्होंने इस तरह के अनगिनत सवाल उठाए हैं।

❑ प्रसंगवश एक अन्य ग्रन्थ भी शामिल किया गया है।

❑ 1. **'बुद्ध ऐंड फ्यूचर ऑफ हिज रिलीजियन'**–बुद्ध और उनके धर्म-मत के भविष्य के बारे में, इस ग्रन्थ में सोच-विचार है, जो 1950 की महाबोधि पत्रिका के बैशाखी अंक में प्रकाशित हुआ था।

इस प्रसंग में अंबेडकर का लिखा हुआ–**बुद्ध और उनका धम्म** शीर्षक ग्रन्थ के बारे में हम पहले ही बता चुके हैं। बुद्ध के जीवन और उनकी शिक्षा के विवरण-समेत, इस ग्रन्थ में अंबेडकर ने बुद्ध को केवल भक्तिवादी दृष्टि से ही नहीं, बल्कि तार्किक दृष्टि से देखा; उन पर चिन्तन-मनन किया और उन्हें ग्रहण किया।

द्वादश खण्ड ❑ अप्रकाशित लेख–4

1. एन्शिएंट इण्डियन कॉमर्स (प्राचीन भारतीय वाणिज्य)
2. द अनटचेबल्स ऐंड पैक्स ब्रिटानिका (अस्पृश्य और अखिल ब्रिटेन)
3. लेक्चर ऑन द इंगलिश कॉन्स्टिट्यूशन (अंग्रेजों के संविधान प्रसंग में भाषण)
4. दि नोट्स ऑन ऐक्ट्स एंगल (नियम-कानून की टीका)

त्रयोदश खण्ड ❑ संविधान के संस्थापक

1. डॉ. अंबेडकर द प्रिन्सिपल आर्किटेक्ट ऑफ द कॉन्स्टिट्यूशन ऑफ इण्डिया (भारतीय संविधान के प्रधान रूपकार डॉ. अंबेडकर)

❑ जल्दी ही जो खण्ड (सम्भवतः 14 वां) प्रकाश्य

1. डॉ. अंबेडकर इन पार्लियामेंट (1947-1956) सांसद के रूप में डॉ. अंबेडकर (1947-1956)
2. पाली ग्रामर ऐंड डिक्शनरी
3. अन्यान्य रचनाएँ

❑ ग्रन्थ-परिचय प्रदान करने में, हमने महाराष्ट्र सरकार द्वारा प्रकाशित रचनावली के क्रम का अनुसरण किया है। इस महत् कार्य के लिए उक्त रचनावली के प्रकाशक और सम्पादकगण के प्रति, हम हार्दिक कृतज्ञता ज्ञापित करते हैं।

1. Dr. Babasaheb Ambedkar : writings & speeches : compiled by Vasant Moon : 1982-1994
2. इसके अलावा विभिन्न क्षेत्रों में, तथ्य, अभिमत और धारणाएँ तैयार करने में प्रख्यात अंबेडकर जीवनीकार धनजंय कीर का भी कृतज्ञ हूँ।

1. Dr. Ambedkar; Life and Mission : 1990
2. Dr. Bhim Rao Ambedkar : His life and work—by M L Shahare (NCERT-1988)
3. Dr. Babasaheb Ambedkar and significance of his movement—by K.N. Kadam

–समेत वर्तमान समय के पत्र-पत्रिकाओं की रचनाओं वगैरह से सहयोग लिया गया है।

❑ 12, 13 और 14 वाँ खण्ड हमारे हाथों में नहीं आया, इसलिए उनका विशद वर्णन प्रस्तुत करना सम्भव नहीं है।

❑ ❑

नीतीश विश्वास

बांग्ला के प्रतिष्ठित गद्यशिल्पी व प्रमुख सामाजिक कार्यकर्ता नीतीश विश्वास का जन्म 15 मार्च 1952 को फरीदपुर (बांग्लादेश) के गोपालगंज के माझीगाटी गांव में हुआ। वहीं आरंभिक शिक्षा। 1964 में सभी छह भाई-बहनों को लेकर पिता नगेन्द्रनाथ विश्वास और माता हरिदासी विश्वास कोलकाता आ गये। पश्चिम बंगाल बोर्ड से हायर सेकेण्डरी के बाद नीतीश विश्वास ने रवीन्द्र भारती विश्वविद्यालय से बांग्ला साहित्य में ऑनर्स के साथ बी. ए. किया, फिर एम.ए.। अरसे तक 'गणशक्ति', 'सतयुग', 'बसुमती' में पत्रकारिता/पत्रकारीय लेखन। अभी भी विभिन्न पत्र-पत्रिकाओं में नियमित लेखन। 1977 से 1986 तक आकाशवाणी में कार्यक्रम अधिकारी। कॉलेज सेवा आयोग में चयन के बाद एक शिक्षण संस्थान में कुछ समय तक अध्यापन। 1990 में कलकत्ता विश्वविद्यालय में डिप्टी रजिस्ट्रार के पद पर नियुक्त। फिलहाल वहीं सेवारत। रवीन्द्र भारती विश्वविद्यालय के सिंडीकेट के सदस्य। 'दलित समन्वय समिति', 'सहमर्मी', प. बंग जनतांत्रिक लेखक संघ, मातृभाषा समिति कलकत्ता विश्वविद्यालय और आल बंगाल यूनिवर्सिटीज ऑफिसर्स एसोसिएशन जैसे प्रमुख संगठनों के सचिव। कई अन्य संगठनों से भी सम्बद्ध। सामाजिक कार्यकलापों में बढ़-चढ़कर हिस्सेदारी।

कृतियां : 1. डॉ. बी.आर. अंबेडकर 2. जातीय नेता अंबेडकर 3. देशनायक सुभाषचन्द्र 4. सोमेनचन्द्र : जीवन व साहित्य 5. नैनीताले पथे-पथे 6. बांग्लार उपभाषा (बोलियां)।

संपादित पुस्तकें : 1. वाक् शिल्पाचार्य 2. दलित साहित्य (बंगाल में दलित आन्दोलन) 3. रवीन्द्र चर्चा प्रसंगे 4. मातृभाषा : बांग्ला भाषा 5. जोड़ासांको ठाकुरवाड़ी : ऐतिह्य व अवदान 6. कवि मुकुलेश विश्वास स्मारक संकलन 7. प्रगतिशील सांस्कृतिक कविता आन्दोलन 8. 'एकतान' शोध पत्रिका का संपादन।

सम्पर्क : डी.एल. 224/डी, साल्ट लेक, कोलकाता-700091

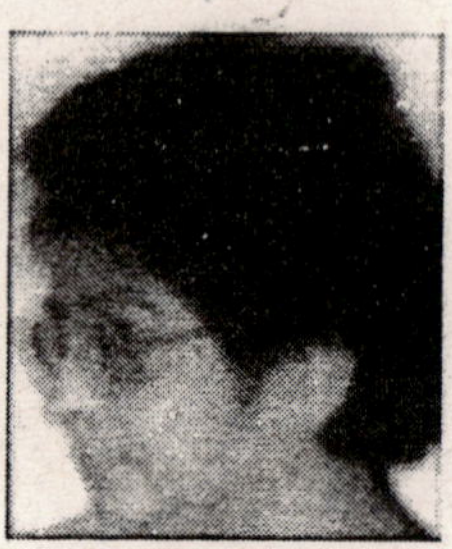

अनुवादिका

सुशील गुप्ता

लगता है, मैं किसी ट्रेन में बैठी, अनगिनत देश, अनगिनत लोग, उनके स्वभाव-चरित्र, उनकी सोच से मिल रही हूँ और उनमें एकमेक होकर, अनगिनत भूमिकाएँ जी रही हूँ। ज़िन्दगी अनमोल है और जब वह शुभ और सार्थक कार्यों और सरोकारों से जुड़ी हो, तभी हम इन्सान बन पाते हैं। लेकिन, अपनी समूची ईमानदारी और सच्चाई के बावजूद, मेरी राह, मेरे रिश्ते, मेरी ज़िन्दगी गडमड हो गयी। मुखौटे पहने ख़ुदगर्ज़, क्रूर लोग, मुझे मौत की यतीम खाई में धकेलकर, जब ज़िन्दगी का जश्न मनाने चल पड़े, तो औरों के सच...और ख़्यालों... और तजुर्बों के अनुवाद और अनुकृति ने मुझे थाम लिया —मैं हूँ न! और मेरी राह गुम होने से बच गयी। ये अनुकृतियाँ इस बात की सनद हैं कि सरोकारों में सच भी है और झूठ भी। जिसे, जो नसीब हो या हम जो भी चुन लें, हमें सुविधा है।

अब तक लगभग 50 उपन्यासों का अनुवाद! 3 काव्य-संग्रह! कई-कई पुरस्कारों सहित, अपने हिन्दी पाठकों के अमित प्यार का पुरस्कार।